運命を創る【新装版】

安岡正篤

人間学講話

プレジデント社

運命を創る

安岡正篤――人間学講話

我々の存在、我々の人生というものは一つの命《めい》である。その命は、宇宙の本質たる限りなき創造変化、すなわち〈動いて已《や》まざるもの〉であるがゆえに「運命」という。つまり、「運命」はどこまでもダイナミックなものであって、決して「宿命」ではない。「命」は絶対的な働きであるけれども、その中には複雑きわまりない因果関係がある。その因果律を探って、それによって因果の関係を操作して新しく運命を創造変化させてゆく――これを「立命」という。「物」についてそれを行うのが「科学」である。ところが、この物の科学でさえ容易ではない。いわんや人間においてをやである。人間に関する命数の学問、つまり近代の言葉でいう「人間学」というものは、さらに難しく、同時にまた非常に興味深いものである。

目次

組織盛衰の原理

近代中国にみる興亡の原理……9
中国興亡史ほど面白いものはない
王永江――旧満洲の諸葛孔明
湯恩伯将軍
窮すれば通ず

明治・大正・昭和三代の盛衰……20
思考の三原則
明治維新を成功させた三つの力
「人間教育」を忘れた明治の失敗
人間学の欠如が招いた満洲事変
アメリカの占領政策――3R、5D、3S政策

兵書に学ぶリーダーの心得——孫子・呉子・六韜三略より……41
中ソが真剣に研究する『孫子』

東洋思想と人間学

「万世ノ為ニ太平ヲ開ク」——終戦の詔勅秘話……69
「時運」と「義命」
六然——得意澹然、失意泰然
六中観——壺中天あり、意中人あり
人生の五計——人生観の学問……83
見識と胆識……104
人間学・人生学の書……109

運命を創る

運命を創る──若朽老朽を防ぐ道……117

酒の飲み方で人を見る──三菱流人物鑑定法

「運命」は「動いてやまざるもの」

『陰騭録』──袁了凡の教え

いつまでも「えび」の如く脱皮せよ

なぜ「足る」なのか

「眉毛を吝まず」の意味

専門外、異分野の友人を大切に

人生の一原則「六中観」

人格的・人間的定年

次代を作る人々のために……152

卒業は始業(Commence)

個々人が主体性を失えば組織も崩壊する
主体性を回復するための十八箇条
人に嫌われぬための五箇条
八観法――ダイナミックな人物観察法
六験法――感情を刺激して人を観察する法

若さを失わず大成する秘訣……187
自己の殻、仕事の殻、会社の殻
心に一処に対すれば、事として通ぜざるなし
専門家ほど〝居眠って〟いる
人間修養の書

「気力」を培う養生訓

敏忙人の身心摂養法……207
精神を溌剌とさせる三つの心がけ

病気をひき起こす十の因縁
静坐の効用
医食同源——食物は薬である
記憶力、頭脳力を増進させる食物

憤怒と毒気 …… 229

解説 …… 瓠堂忌世話人会 239

組織盛衰の原理

近代中国にみる興亡の原理

中国興亡史ほど面白いものはない

自分のことなどお話しするのは、はなはだ好まぬことであります。また、あまりやったことのないことでありますが、話のついでに、いささか私の体験の幾分を取り上げて、皆さんに聞いていただきますのも、ご理解が早いと思いますので、触れてみようかと、今そんなことが念頭に浮かんだのであります。

私は、ここ（愛知県）から程遠からぬ生駒飯盛山麓の四条畷《しじょうなわて》中学に通っておりました。所が所であります。とくに南朝の史跡で有名な所であり、それを代表するものは楠公（楠木正成）であります。その楠公に非常な感動をもって、『太平記』とか『日本外史』とか、そういうものを熟読しておったのでありますが、その中学の上級時代に第一次世界大戦が始まりました。田舎の純真な中学生の私は非常な衝撃を感じまして、世界大戦のニュースを読むだけでも、少年の心は躍ったわけです。

日清・日露戦争の話よりほかに知りませんでしたから、ヨーロッパからアメリカまで出てきて大戦争をやる、面白くもあり、なんだか薄気味悪くもあり、世界とはどういうものなんだ、どうしてこんなことが起こったのだと考えるのですけれども、田舎の中学生の手には負えぬ。なんというても、東京へ行って大学に入り、勉強せねばいかん。一番偉い大学は何処だといったら帝国大学だ。一ぺんには入れないので、高等学校に入らねばいかん。その頃高等学校は八つしかありませんで、一番むつかしいのは第一高等学校だが、四条畷中学などから、入った者はないから、やめておけと言われましたが、意地になって受験してみたら通りましたので、それ見ろと、好い気持ちになって、大いに勉強しようと英語だのドイツ語だのから始めました。

そのうちに、だんだん何もかも分からぬことばかり。それから気違いのようになって勉強しました。本を夢中になって読みましたが、さっぱり埒《らち》があきません。それでも一所懸命やっておりますうちに、少しずつ分かるようになりました。世界大戦の研究でありますから要するにヨーロッパの研究でありますが、そのうちにフッと気がつきまして、ヨーロッパよりも問題は日本、自分の国だ。自分の国の運命を決するものは東洋だ、シナだ――と考え出しました。

そしてシナ興亡の研究をしてみますと非常に面白い。と言っては語弊がありますが、日本の国はあまりに良すぎ、有難すぎて、よく言えば純良、平和の田舎的歴史でありますが、この正反対がシナで、これは漢民族が黄河流域に定着して、農耕民族となった。それまでは狩猟放牧民族で、周になって国家的体制を固めていった。周が安定し、栄えると共に、北方に異民族——満洲族、蒙古族、トルコ族、チベット族、いわゆる夷狄《いてき》がたくさんいる。水草を追って狩をしたり、戦をしておった野蛮な生活の民族が、中原《ちゅうげん》すなわち黄河を越えて、漢の文化、大変魅力の対象ですから、機会があれば長城を越え中原に侵入し、あるいはこれを征服支配し、やがて頽廃堕落する。

「中」というのは面白い語で、それはいろいろな矛盾を克服して無限に進歩していくという意味、論理学で言う弁証法的発展というものです。それと同時に中にはあたるという意味がある。中毒の中です。漢民族は黄河の流域に繁栄いたしまして、独特の文化を造り出しましたが、それと同時に頽廃堕落するということもまた深刻になりました。まことに中という文字通りの国であり、民族であります。そこで、せっかく長城を越えて中原を支配した夷狄も、しばらくすると型の如く頽廃堕落し、革命叛乱で追っぱらわれ没落する。これを繰り返し、いわゆるシナ二十四史、二十五史でありますが、よその人間から申しますと、あれほど治乱興亡の甚だしい、劇的な、そして文化的な興味深い国はない。日本は単純平和、結構といえば結構だが、ちょっと物足らない。若いロマンチシズム、エモーショナリズムの豊かな青年には、日本よりもシナの研究、その歴史的文芸哲学の勉強が面白くなりました。その史中の人物にたまらなく面白い偉いのがたくさんおる。そういうものに道草を食ったりしておりますうちに、だんだん物事が分かりだし、考えさせられることが多くなりまして、その一つの結論は、これを要するに、日本の運命を決するものは中国――満蒙、中原との関係だということであります。

王永江――旧満洲の諸葛孔明

しかし、この治乱興亡の歴史を見ても、とてもあの国を領有して、秀吉のように、都を北京にもっていって、大日本帝国を造るというようなことは、考えられない。いわゆる夷狄と同じに必ず失敗する。日本人は単純ですから、一時征服しても、たちまち中毒してしまって、ことによったら日本も衰亡してしまうかもしれない。

だんだんに到達しました結論は、満洲を独立させ――もともと満洲は中国ではありません。孫文なども満洲なら日本にやってもよいと考えていたが、貰わなくてもよいので、満洲は満洲であそこに立派な国を造り、日本、中国、満蒙の三国が永い伝統的東洋文化を枢軸にして、東洋連盟、極東連盟、今日の国際連合の、もっと本格のものを造って、欧米と対応していく。これが一番正しく望ましいという結論に到達したわけです。それを何とか実現したいと病みついたのが、私の一生を棒にふった始まりであります。

ところが、そうして繁く満洲などに行っておりまするうちに、私より先に同じことを考えておった人に出会った。これは満洲で張作霖《ちょうさくりん》を助けた宰相の王永江《おうえいこう》という人であります。満洲の諸葛孔明《しょかつこうめい》と言われた人で、この人のお蔭で張作霖はあれだけ成功し、満洲に君臨することができた。この人は、張将軍が満洲に理想の王国を造らなければならぬ。決して山海関を越えて中原に入ってはならない。中国、満洲と日本とは相携《あいたずさ》え、極東に王道国家を造る。こういうことを考えていたのであり、張将軍も初めのうちはこれを遵守しておったのでありますが、人間の野心は恐ろしいもので、だんだん実力が出来てまいりますると、中原に馬を進めたいと思った。どうしても中原を征服したい。だんだん王永江と仲が悪くなる。出処進退に明らかな王永江氏は、不幸にして諸葛孔明にはなれなくて、衣を振って郷里金州に隠遁してしまった。

その頃、私は満洲に行って、はしなくもこの人に会い、大いに共鳴したのであります。その頃から、日本の気負っておりました昭和維新を叫ぶ熱烈な志士の連中、その主流は陸軍の青年将校とその同志たちでありましたが、これらと意見を異にするようになった。その人たちからは何となく敬遠されました。敬遠という言葉は味がある。昔の人は経験からうまい言葉を造っておる。私は敬遠されたわけですが、海軍の方には意見の合う人々が多く、古くは八代六郎大将、この方は当地方（愛知県）の出身です。それから代々首脳部の人々と、要するに歴史の跡を語り合い、海軍大学にも出講しました。それはとにかく大陸制覇の考え方の人々がその主流となって、ご承知の通り、まず張作霖の中原侵入と型の如き失敗没落、その張作霖と同じ失敗を日本も繰り返し、大東亜戦争となり、日本の惨敗となりました。

湯恩伯将軍

しかし、蔣介石氏は日本の知己でありまして、これがソ連と戦っていたら今の日本とは違っていたでしょう。あるいは毛沢東が蔣氏であったらやっぱりそうでしょう。日本はどうなっていたか分かりません。幸いに国民党の中国、蔣総統の中国であったので助かった。これは日本の国運のめでたいところと申せましょう。

私が感激したことの一つですが、終戦の時、上海で日本軍が降伏した時の降伏使節は土居明夫という中将で、敵の司令官は湯恩伯《とうおんぱく》という人で、これは日本の古武士のような性格教養の人で、日本の士官学校にも学んだので、土居さんよりは士官学校では下だったと思います。土居さんが降伏使節になって敵の司令部へまいります。あいつは俺より下級生だったが、これに降伏するのかと悄然として行った。そして司令部へ車が着いて、降りようと思ってヒョイと見ると、玄関に湯将軍が立っている。奥深く傲然と待ちかまえていて捕虜のようにひっぱって行かれるのかと思ったところが、湯将軍が玄関に出迎え、つかつかと降りて来て、自ら自動車のドアを開け、土居さんを抱きかかえるようにして、途端に言うた言葉が、「土居さん、長い間喧嘩したが、これでもとの兄弟だ」といって中へつれて入った。土居さんは感激のあまり涙が出てなんとも言えなかったそうです。

私は後で湯将軍と仲よしになりまして、台湾に招かれてまいりました時、しばしば寝食を共にしたものです。忘れもしません。日月潭で一緒にホテルに泊まり、夜通しで話し合ったことがある。その時初めて彼が言いましたが、「実は自分は軍人であるから日露戦争の歴史を研究した。ポーツマス条約が済んで小村外相が新橋に着いた時に、伊藤さん（伊藤博文）、桂さん（桂太郎）が出迎え、小村氏を抱きかかえるようにして車に乗せた。これは、何も知らない日本の勇ましい連中が、戦に勝ってあんなくだらない条約を結ぶなんてけしからんと言って、小村殺せという議論があったので、伊藤さんも宰相の桂さんも、鼠公使といわれた小男の小村さんを大男が抱えるように、つまり撃てぬようにして連れ込んだ。自分はそのことを感動をもって読んだことがある。それで土居さんやられるかも知らんと思って、わざと出迎え、抱えるようにして入った」のだと。「そんなことを言うと恩を売るようでいかんから何も言わないけれど、ありのまま貴方に話す」とのことであった。私は非常に感動いたしまして、しみじみお礼を言うたことがある。敵軍の司令官がこのような人であったから大変有難いことであった。

それからもう一つ感動しましたのは、湯さんが初めて日本軍を撃破して、それから戦略を立案して日本軍を徹底的に打倒しようとした。それから何度もその機会があったが、蔣総統が許さない。そこまでやってはいかんと言う。そこで自分が行って、「総統、何を考えておられるか」と問いつめた。蔣総統は襟を正して非常に沈痛な面もちで、「君たちの意見はよく分かる。また君たちの戦略も是認する。しかし、それでは日本軍を徹底的に打倒することになる。アジアは永くヨーロッパに狙われ、わが中国の如きも恥づべき侵略にあっている。このアジアは結局わが中国と日本とが相提携して欧米に対し王道国家を造らねば真の平和にはならない。日本を徹底的に打倒することはしたくない。してはならないのだ、分かってくれるか」と言われて、自分も感激した——と、しみじみ言われたのです。

そういうことだから、その後、先方は日本軍のみでなく、日本の居留民をも大切にして帰してくれたのである。当時、上海居留民の中で慌てて日本の神社を壊そうとしたことがある。報告を聞いた湯将軍はやかましく言ってそれをやめさせた。「日本の神社は神聖なものだ、大切にして辱しめぬようにしなくてはならん」。爆弾三勇士像も、日本側が爆破しようとしたのを、「あのままにしておけ、あれは日本ばかりでなく、わが軍のためにも模範の兵士だ。ただ、あそこに書いてある文句だけは削らせてくれ」と指令された。日本人はその見識に心から感服した、と懺悔している人から私も話を聞きました。

窮すれば通ず

張作霖ばかりでなく、日本もとんだ失敗をして、あの戦争は日本人が骨身に徹して内省すべきであった。その教訓を日本の政府が注意して、戦後日本の国民に良心、勇気を取り返し、大革新をやり、新たな日本を創造しなくてはならんということを教え、努力すべきであったが、アメリカの占領軍の政策の前に慴伏《しょうふく》——恐れ伏してしまった。また、これに阿諛迎合し、戦犯のみならず二十万の指導的役割にあった人がパージ（公職追放）せられてしまった。幸いにパージを逃れた人々は、にわか出世し、卑屈になり、命これ奉じたわけです。

それから独立を回復した時、日本国民が奮い立つような、明治なら新教育勅語だが、天皇を象徴化したから詔勅を出していただくわけにはいかぬ。その代わり日本政府が一国民の粛然として襟を正すような告諭、告示をすべきであった。そういうことは何もしない。国家ばかりではなく、産業界・教育界でも同じことです。石油ショックでも同じことで、日本の経済界を緊粛せしめる好機会であったのですが、実はうろたえるだけだった。日本人は気骨を失ってしまった。大学学長も教授もさっぱり駄目であった。政府も議会も駄目であった。そんなことを言ったって、占領軍に憲法も変えられ、修身、歴史など全部禁止されてしまう。神道、神社は国家から切り離されてしまう。どうしようもなかったというわけですが、それは言い訳です。何もしないで所得倍増、産業回復、GNPのそろばん勘定、本当に下司《げす》な商人になってしまった。これが根本的失敗です。

しかし運がよくて、いつも困った時に日本は助かった。朝鮮戦争で日本は青くなった。ちょうどダンケルクのような悲劇をマッカーサー軍が釜山でやっていたら大変なことで、ソ連軍も北海道に上陸したでしょう。そうなれば今の日本はありゃしない。しかるに、逆にそれを免れたばかりでなく、国連軍は補給を日本にとりましたから、朝鮮戦争ブームで儲けた。しかし、そんな心がけだから、朝鮮戦争がすむとすぐ駄目になった。するとまたベトナム戦が始まった。そしてそれが長らく続いた。こうしてまた便乗利得した。日本は運がよかったが、それが仇となって底知れぬ堕落をした。これからはもうそんな甘い話はありません。

しかし「窮すれば通ず」の理で、精神さえしっかりすれば、必ず運命は開けるのです。すべては立志と、人物の如何です。今までのような精神性のない、低級な享楽的・功利的惰民ではもう何もできません。日本の政治・経済・教育等々、今は生死関頭に立つといってもよいので、これを救う道は唯一つ、慨然として精神的に立ち上がる指導者たちの輩出です。身を挺して修養努力する先覚者、指導者を一人でも多く出す以外に救いはない。

日本はソ連と北朝鮮と中共という三大共産国家を前にしているから、日本などひっくり返されるのは朝飯前。幸いなことに、それぞれ内に悩みを持ち、それぞれ必ずしもしっくりいっているとは思われない。それでどうやら救われているのです。いつまでもこのままではありえず、地球にも異変が起こるかもしれぬ。この大いなる転機に、日本が如何に立派に処するか、これが日本の運命を決める。それには、どうしてもそれらしい指導者がもっと出て、国民に活を入れねばなりません。国民が道義に目を開かぬとどうにもなりません。師友会の「一燈照隅、万燈照国」で、我々は無力だなどと思わず、できるだけ多くの者が一燈照隅を万燈遍照にしていけば、日本もなんとかならぬものでないと信じます。

明治・大正・昭和三代の盛衰

思考の三原則

私はいつも、機会がありまするとと前提としてお話をするのですが、我々、特に中国民族、日本民族など、東洋民族の先覚者に共通に行なわれておりまする「思考の三原則」ともいうべきものがございます。

ものを考えるに当たっての三つの原則――その一つは、目先にとらわれないで、できるだけ長い目で観察するということであります。第二は、一面にとらわれないで、できるだけ多面的、できるならば全面的にも考察するということであります。第三が、枝葉末節にとらわれないで、できるだけ根本的に観察するということであります。

物事を、特に事業の問題、あるいはすべて困難な問題、そういう問題を目先で考える、一面的にとらえて観察する、あるいは枝葉末節をとらえて考えるというのと、少しく長い目で見る、多面的・全面的に見る、あるいは根本的に見るということとでは非常に違ってきます。ことによると結論が反対にさえなるものであります。そして、もちろんそういうふうに長い目で、そして多面的・全面的・根本的に見るほうが真をとらえやすいということは申すまでもありません。時局の問題などは特にそうでありまして、できるだけ長い目で、できるだけ多面的に、できれば全面的かつ根本的に見なければ、決して正しい考察は成り立たんと信ずるのであります。

明治維新を成功させた三つの力

そういう意味で、今日の時局が一体どうなっておるか、真実がどうあるのかというようなことに関しても、少なくとも今度の戦争終結、すなわち終戦、アメリカ軍の進駐・管理という時代、さらに遡って明治時代にまで視野を広げて、明治・大正・昭和三代を通観してみまするると、よほど真相が明らかになってまいります。これを詳しくお話ししておれば、それこそ何日もかかることでありまして容易でありません。が、一応そこまで視野を広げて、そのごく本流と申しますか、大事な流れを通観あるいは考察いたしまして、皆さまのご参考に供しようと思うのであります。

私はここ数年、明治神宮におきまして、明治天皇御一代の詔勅というものが出しっぱなしで、本格的に検討・整理されておりませんので、これを神宮当局が厳密に校訂いたしまして、『明治天皇詔勅謹解』という大著を明治百年記念に出したいということで、大ぜいの専門家を集められまして、数年にわたる非常な苦心努力で昨冬完成いたしました。私もこれに参加いたしました。

明治天皇の詔勅というものは明治史の神髄、骨髄になります。初めて、我々の明治の歴史を正しく通観することができまして、私自身も大いに得るところがありました。たいへん学問になりました。そのときにつくづく感じましたことの一つに、明治維新がどうしてあんなに立派に行なわれたか。諸外国の辛辣な学者が、明治維新というものは一つの奇跡的な行績であるとまで礼讃しておりますが、ああいう立派な明治維新のようなことがどうしてできたか。

明治が革命にならないで、維新で立派にやれたということ、この問題だけでもたいへんなことなんですけれども、結論を申しますると、やはりこれは人物と教養との問題でありまして、東洋の政治学で言いますと、能率の究極は、

「賢を尊んで」、「能を用い」、「俊傑位にあり」

これは『孟子』の中にある有名な言葉でありますが、この三つに帰すると思います。明治維新のあんなに能率・格調等立派にいったのは、なんと申しましても、少なくとも幕府

以来の学問・教養・人物のおかげであります。

つまり、源平の昔に遡るまでもなく、仮に徳川幕府三百年といたしまして、あの時代の人物・教学というものがなかったならば明治維新があんなに見事には行なわれませんでした。これは、心ある学者・先人の等しく肯定するところであります。やはり教学というものと修練、それによるところの人物や学識・識見、それから生ずる思いきった政策の断行、これがあって初めて明治維新が成功した。

そして、率直に申しまするると、明治のエネルギーは日露戦争が絶頂であります。日露戦争を過ぎまするると、さすがの明治もおいおい下り坂になってまいります。あるいは表面的には急に下り坂になりまして、それ以後の明治の数年は弛緩して、急激に頽廃、混乱しております。それが明治天皇の崩御によって非常な衝撃を受けて、また引き締められました。

この成功は、いま申しましたように、一に、徳川時代、幕府からの教学・人物、それによるところの識見・能力のおかげであります。その、いわば幕府以来の祖宗の遺産を明治の人々が受け継いで、これでどうやらまかなってきたと言えるのであります。それ以後だんだん遺産が乏しくなりまして、今日になると、まことに哀れなことになりました。

この徳川時代、少なくも封建時代に我々が持っておった学問・人物・教学と、その薫化による後進——これが明治日本をして成功せしめた最も代表的な本格的な原因であります。

それと、もう一つ、あまり人の気づかぬことがあります。気づかぬばかりでなく、あまり男として芳しからぬことがあります。それは当時の武家文化というものが、実は非常に早く頽廃いたしまして、特に旗本・武士、それから江戸に藩邸を持つ諸藩から出てきておりました田舎役人たち、江戸詰めの侍たち、こういうものも非常に早く頽廃いたしまして、だらしがなくなっておったのであります。これが主流をなしておりましたら、徳川幕府はとても三世紀近くはもちませんでした。おそらく一世紀で駄目になったろうと思われるのですが、日本に田舎侍、つまり大小二百六十余藩がありまして、それぞれ一国家を形成しておった。日本は、それらの大きな連邦組織であったわけであります。この田舎侍というものがおったために、明治維新もできたと言うことができます。これが第二の理由です。

第三が一番微妙な問題で、これらの武士階級、その教育、修練、その生活を通じて、日本女性の教育、躾《しつけ》というものが非常に優れておったということです。今日の言葉で言うと人間形成であります。これが非常にものを言って、幕府の旗本や諸藩の江戸詰めのだらしのない侍どもの頽廃堕落の弱点を救って、権威を支えてきた。

この幕府を通ずる教学の力、それから田舎武士の力、それと武士の娘・武士の妻の力、この三つが明治維新を大いに成功せしめ、徳川の幕府政治を三世紀近く保ち、なおその遺徳によって明治の日本の建設に非常に貢献をしたということであります。これを見失うということは、仏つくって魂を入れぬということになるわけです。

そこで民族・国家興亡の史観から申しますと、人間には文明というものもくせものだということとです。皆さん、前大戦の時には、有名なシュペングラーというドイツの天才的評論家・歴史家がおりましたのをご存じでしょう。今度の大戦の時には、今の有名なトインビーの『歴史の研究』がございます。こういう研究家がいろいろ優れた著作を残しております。それらを通じて、はっきりした原理・原則と申してよいことですが、要するに、文化というものは非常に注意し、反省し、これを正養しないと、案外早く頽廃没落することです。個人の私生活も民族生活も同じことです。案外長く保たぬものです。人間は成功しようと思って、皆あくせくするのですが、次第に成功するに従って非常に早く駄目になるものであることは、残念ながら我々にとって、今日でも事実であります。よく口の悪いのは、「名士というのは無名の間が名士であって、いわゆる名士になるに従って、メイは迷うという迷士になる。そのうちにだんだんに冥土の冥士になる」などと皮肉を申しますが、まあそういうもので、ほんとうは無名にして初めて有力であります。有名は、つきつめた意味で言うと案外無力になる。これは歴史のしからしむる事実であります。

そこで、いかにしてこの野性——野性という言葉に弊害があるなら、素朴性・真実性というものを維持するかということ、これがまず第一に文明と民族の大事な問題であります。

第二に、あまり不自然な都会化しない、近代的大都市化しない、できるだけ野性的素朴地帯を存置するということです。素朴の世界というものをできるだけ保存するということです。そのいずれにも、日本の今日は残念ながら非常な邪道に入っておるわけであります。特に日本などは、その世界的典型の文化的頽廃のモデルケースであります。

日本を挙げての近代文明化、これを象徴、代表するものが大都市であります。これがメトロポリスすなわち大都市が、接続大都市、いわゆるメガロポリスというものになり、それがやがてエキュメノポリス、世界都市というものになりつつある、これは非常な危険であります。そして国民生活は次第に享楽頽廃、まずもって根本的に孱弱《せんじゃく》になってきておる。素朴の力、性命の強さというものを失いつつあります。それから大事なことが、前述の女性の力であります。ところが、女性がまた、今や幾百年の歴史的・伝統的な強みの方を失ってきつつある。この三点ですね。これが日本民族の運命を卜する、最も簡にして要を得た原理原則だとお考えになって間違いないと思います。

「人間教育」を忘れた明治の失敗

そういうことをまず根本理論といたしまして、明治の時代を考えまするとなるほど形の上においては、表現の世界においては、たいへんな成功をいたしました。これを試みに現代に徴しまして、スターリンやフルシチョフが叫びましたような「追いつけ追い越せ」、「ヨーロッパ、アメリカ文明に対して追いつけ追い越せ」も、中共の毛沢東らが呼号いたしました「大躍進」の号令も、これは皆さんご承知の通り、とんと成功はいたしておりません。先方の宣伝文書はえらいことを書いておりますけれども、冷静な観察者はよく知っていることで、ほとんど成功しておりません。(これに対し)ひとり、それこそ嘘も偽りもない大成功をやってみせましたのが明治の歴史であります。これはもう西洋の冷静な観察者が、世界の奇跡とまで手放しに褒めただけのことがあります。

ところが、この大成功の陰に一つの大きな錯誤がありました。それは学校教育であります。教育の失敗であります。

それはどういうものかと申しますと、つまり幕末にペルリの来航を始めといたしまして、日本は西洋近代の科学技術文明に驚嘆した。その驚嘆は恐怖になり、恐怖はまた一面において畏敬になり、一面において反省になり、あるいは負け惜しみとか、今日申しますインフェリオリティ・コンプレックスというものの最も深刻な、最も大規模なものを明治の人物が体験したわけであります。

そこで、何はともあれ西洋に負けない近代文明を日本がつくり上げなければならぬ。それこそスターリン、フルシチョフのように、追いつけ追い越せです。なんとかして一刻も早く追いつき追い越さなければならぬ。大躍進をしなければならぬ。それには人材が要る。けれども、そんな有能・有用な人物を一ぺんにつくるわけにはいかない。これは大学でしかつくれない。そこで急いで大学の予備校をつくった。これがいわゆる高等学校。その予備教育を中学においてやる。その基礎教育、初歩教育を小学校でやる。つまり、上は大学から下は小学校まで、明治教育は、学校教育を主眼として、その学校教育においては、西洋近代文明の模倣・再現に役に立つ知識・技術を早く修得させる――こういうことになったわけです。

そこで、学課から目的から皆そういうことになりまして、人間を養う、徳性を磨くというようなことはつけたりになってしまいました。まあ一週間に一回、月曜の朝くらいに、校長先生が修身教科書をぼそぼそと話をするだけというようなことになったわけです。およそ、これは面白くないものでありました。我々もそういう教育を受けた。そして修身の時間というと、たいてい、あくびばかりしておったものです。

人間には、――これは人間学というものの根本問題の一つでありますが、――要素ともいうべきものが、大きく分けると二つになるわけですね。第一は、これがなければ、人間の格好をしておっても人間でない、これあるによって人が人であるという、いわば本質的要素であります。それから（もう一つは）、あればあるに越したことはないが、ある、ない、というのは多少の程度の差で、しかし非常に大事なもの、これを前の本質的要素に対していうならば付属的要素というべきもの。それともう一つ付け加えれば、これは徳性、本質的要素に関連するもので、習性、習い性となる習性というものがあります。

この本質的要素が、すなわち人間の道徳性、徳性であります。それから付属的要素の代表的な二つが知能と技能であります。知識・技術であります。それから第三の、どちらかといえば徳性に準ずべきものが習性、すなわち躾というものです。

ところが明治教育というものは、学校教育一本ということになりまして、昔、徳川時代のような各藩における学校、郷学、そういう多様性、diversity, variety というものがなくなってしまって、非常に単一になって、そして大事な本質的要素を、人物・徳性というものを養うことは修身教育ぐらいになって、これがほとんど話にならんことになってしまった。まだいくらか躾というものが残りましたが、全力を挙げて知能教育、技能教育、すなわち知識・技術の修得になったわけです。

私自身よくわかるのであります。私は田舎の学校で、幼少の頃から、四書だの、『日本外史』だの、『太平記』『源平盛衰記』『平家物語』といったようなもので育ったのでありますが、中学を終えて一高に入りまして、つくづく感じましたが、もっぱらここでは知識・技術教育でありました。ほとんど人間教育というものはありません。それでも高等学校時代は、ちょうど中学と大学の中間で割合いに自由でありまして、いろいろな教養の書物を勝手にむさぼり読んで、道徳がどうだ、文化がどうだ、宗教・信仰がどうだというようなことを自分で考えたり、友達と話し合ったりする余裕がありました。これがたいへん人間をつくりました。ところが戦後は、そういうものをなくしてしまいました。非常に簡易速成式になりました。それで、つまり明治・大正・昭和にかけての学校教育というものが、残念ながら人間教育をお留守にしてしまった。もっぱら知識教育、技術教育になったのであります。

そこで、明治時代はまだ旧幕府以来の余徳で、いわば先祖の財産で暮らせたように、それほど弱点を出さなかった、馬脚を現さなかったのでありまするが、しかしその間に、残念ながら昔と違って、できた人物というようなものが非常に乏しくなりました。もっぱら功利的・知識的な機械的人物、才人、理論家等が輩出したわけであります。その弊害が、つまり人間的な深さとか、あるいは躾とか修練というもののできていない、いわゆる人物・器量というもののできていない秀才、あるいはタレント、そういうものができてきまして、それが第一次世界大戦を転機といたしまして——明治は四十五年でありまするが、時代の流動的な本質内容から言いますと、第一次世界大戦が一つの転機、ターニング・ポイントです、大正の中期ですね。それから今度の敗戦後のアメリカ軍の進駐管理に至るまでが一連の時期です。

人間学の欠如が招いた満洲事変

大正時代、第一次大戦が始まりますまでは、割合いにその先祖の遺産でなんとかできたのであります。この第一次大戦が日本の非常な反省、試練になれば、日本はあそこで大きく自己を取り返せたのですが、この世界的大戦で日本は、ほとんど犠牲らしい犠牲を払わずに、戦争に便乗して大儲けをした。この時に日本に初めて成金というようなものができて、札びらが全国に舞ったわけであります。これで明治末期から大正へかけての日本の頽廃と堕落が一ぺんに吹き出したわけです。

そこで昭和の初めになって、俄然として「昭和維新」ということが叫ばれるようになりました。ところが、理論闘争は非常に盛んでありましたが、明治維新と違ったことは、(その中心人物たちが)そういう伝統的な教学と修養というものをしていないので(これは右派も左派も同様)、理論は達者で意気は盛んであるけれども、人間は練れておらぬ。したがって見識とか器量とかというものはできておらぬ。この短所が、第一次大戦後の日本で言いまするとと、大正・昭和の初期の革新運動をいたずらに、あるいは国家社会を混乱に落とし入れた。まだ国内は秩序を割合いに維持しておりましたから、それが転じて満洲に反映いたしました。ここに満洲事変の勃発となったわけであります。

今、ああいう歴史的記録はたくさん本になって出ておりますが、こういう根本的、人間学的な観察といったようなものが案外に少ないのは、非常に残念な、かつまた非常に惜しい、かつ危険なことであります。この満洲事変で、日本人は優れた天分や能力を発揮いたしまして、一応大成功をおさめたことは皆さんご承知の通り。あざやかに張作霖《ちょうさくりん》政権を打倒して、関東軍およびこれに参加した志士たちによって、見事な満洲革命ができたわけです。しかし、このときに根本的教養の欠如というものが大きな災いをいたしました。

というのは、これだけ深い関係にありながら、日本人がいっこう本質的、深い意味におけるシナを知らなかったということであります。これは大いに惜しむべきことであります。率直に申しまするならば、今日なお日本人はシナを知らぬ、これは実に残念なことであります。私ども幼少のみぎりから漢学で育ち、ずっとシナの興亡の歴史を学んで、多くの中国人と何十年付き合って往来してまいりました者から言いまするると、今日の日本の指導階級、あるいは友好評論家階級ぐらいシナ中国を知らざること甚だしいものはない。知るといえども、浅薄であります。これは、残念というよりも危険なことでさえあります。しかしこれは、もう、つとに明治時代に始まっておることで、ヨーロッパやアメリカには現《うつつ》を抜かしてこれを尊敬し、これに模倣追随してまいりましたが、その反面に、衰えてついに滅びました清朝を代表として、シナというものを軽蔑いたしました。シナへの軽蔑がシナの一切をも軽蔑することになりました。したがって日本人は、ヨーロッパやアメリカのことはよく知っているけれども、シナのことは何も知らぬ、こういうことになったのでありますか。その弱点と言いますか、その欠点が満洲事変を失敗せしめ、ついにシナ事変を惹起し、大東亜戦争の惨敗を招くということになったわけであります。

そんな話をしておりますと、この問題だけでも長時間にわたりますので簡単に申しますると、我々は中国、中国と、大正時代から言っておるのですけれども、中国という本来の名前は、黄河から揚子江までを言ったのであります。黄河以北、少なくとも長城以北はこれは中国ではありませんでした。これは中国漢民族から申しまするとに夷狄《いてき》の地であります。ご承知の東夷・西戎《せいじゅう》・南蛮・北狄《ほくてき》と申しまして、特に漢、中国の歴史は、たえずこの北狄、すなわち満洲民族、あるいは蒙古族・トルコ族・チベット族といったような塞外民族の侵略と戦ってきた歴史です。これはシナの歴史をずっとお調べになるとわかることでありますす。万里の長城というものは、その塞外民族が入ってこられないようにしたものでありまして、秦の始皇帝より前からのことです。塞外民族を征服しようとしたようなことはほとんどない。やむをえず防衛上征伐したのであります。あの民族を追い払うだけのことが精一杯の歴史です。

彼らから言いまするならば、長城以北は夷狄の地、蛮族の地で、中国でないのです。今日のベトナムなどもやはり南蛮の地でありまして、これは、もともと中国でなかった。漢の武帝の頃から征討しましたけれども、中国扱いはしませんでした。

それで、たとえば張作霖が満洲に立て籠もって、満洲に彼らの理想とする王土を造って、王道政治を布いて、中原《ちゅうげん》征服ということを考えなければ、満洲に立派な王国ができて、彼は帝王の位にもつけたのであります。それならば、漢民族、中華民国は敢えてこれと事を構えなかったのです。張作霖があんなに成功したのは、一に満洲の諸葛孔明と言われた哲人政治家がおりまして、これは王永江《おうえいこう》という人であります。この人はシナの興亡哲学を十分に学んでおった人で、さすが諸葛孔明と言われただけの人であります。この人の努力によって満洲が立派に治まって、張作霖があの大勢力をつくり上げることができたのであります。

この王永江は、張作霖に説いて、絶対に中原を侵してはならぬ、兵を関内に進めてはいかん、東三省に理想の王道国家を造らなければならぬ、ということを力説いたしました。これは、私もふとした縁から親しくいたしました、敬服しておった人でありますが、本人から直接その理論も聞きました。この人と、秋田の人で岩間徳也という人が義兄弟の契りを結びまして、シナでは義兄弟の道が肉親の兄弟以上に発達しております。そういう縁で

私も親しくいたしましたけれども、この人が張作霖をあそこまで立派にしたのであります
るが、だんだん力がつくに従って、張作霖はどうしても北京に出たい——これは日本の田舎者が江戸に出たい、東京に出たいというのと同じことであります。あるいは田舎の議員でもしておると、衆議院議員になったり、内閣の大臣になったりしたいというのと同じことでありまして、どうしてもいわゆる中原を征するという。そして、ついに王永江と別れて、王永江はあきらめて隠遁してしまいました。怖いものがなくなったものですから、張作霖はますます横暴になって、そして兵を関内に進め、馮玉祥《ふうぎよくしよう》に反撃をくらって敗退して、帰り道に関東軍の謀略にかかって、ご承知の通りの悲劇的最期を遂げたのであります。そして、ついに満洲は、わが関東軍によって制圧せられ、日本は満洲国というものを擁立したわけであります。

そこで日本が、いわゆる王道政治、理想の政治を実現して、中原、すなわち中国に野心を持たぬということを堂々と声明して、漢民族を安心させれば、歴史は違ってきたのでありますが、その関東軍や、満洲の建国に非常な野心を深めた連中、あるいは、それに参加できなかった野心家、事を好む連中が、満洲をしてやったから、今度は北京を取ろう、上海を取ろう、ベトナムに行こう、どこにも縁のない者は濠洲を征服しようなんていう、当時日本に建国病というものがはやりました。これが、国内革命をはかばかしくやることの

できないテロリストをして、このほうへ血道を上げさせることになりまして、とうとうこれがシナ事変となり大東亜戦争となって、ああいう悲劇的結末をつけたのであります。孫文などは、満洲は日本にまかせてもよい、ということを言っておった。よく歴史の真理と政治学・哲学がわかっておれば、東洋の局面はすっかり変わっておったのでありますが、まことに千載の恨事というのは、こういうものだろうと思うのです。

それは一に、ほんとうの意味の学問がなかったということです。いわゆる知識・技術というものはあったが、「人間学」というものがなかったということが一番の原因であります。

アメリカの占領政策――3R、5D、3S政策

この欠陥が終戦後また現れまして、占領軍の日本統治に対して対応する仕方を全く誤りました。占領軍は、むしろ日本を非常に買いかぶっておりましたから、いかにこれを占領・支配し、かつ、いかにこれをアメリカナイズするかということにたいへん研究を積んでおります。このアメリカのGHQの対日政策というものは実に巧妙なものでありました。

この政策がどのような原理によって行なわれたかということは、これは皆さんご承知かと思います。非常に巧妙な解説でありますが、たとえば3R、5D、3S政策というもの

です。

これについて、私に初めて説明した人の名前を今、記憶しないんですが、当時GHQにおりました参事官でガーディナーという、ちょっと東洋流の豪傑のようなところのある人物からも直接聞いたことがあります。

それによると、3Rはアメリカの対日占領行政の基本原則、5Dは重点的施策、3Sは補助政策です。

3Rの第一は復讐（Revenge）です。アメリカ軍は生々しい戦場から日本に乗り込んだばかりで復讐心に燃えていたので無理もありませんが、復讐が第一でした。第二は改組（Reform）。日本の従来のあらゆる組織を抜本的に組み替える。第三は復活（Revive）で、改革したうえで復活、つまり独立させてやる、抹殺してしまうのは非人道的だからというわけですが、この点、日本はアメリカが占領軍で有難かったわけです——共産国だとどうなったかしれません。

5Dの第一は武装解除（Disarmament）、第二は軍国主義の排除（Demilitarization）、第三は工業生産力の破壊（Disindustrialization）で、軍国主義を支えた産業力を打ち壊すというもの。第四は中心勢力の解体（Decentralization）で、行政的には内務省を潰してしまう。警察も国家警察と地方警察とに分解する。そして財界では、三井総元方あるいは住友、三菱の総本社を分解する、つまり財閥解体です。第五は民主化（Democratization）で、日本の歴史的・民族的な思想や教育を排除してアメリカ的に民主化する。そのためにまず日本帝国憲法を廃棄して天皇を元首から引き降ろし、新憲法を制定してこれを象徴にする。皇室、国家と緊密な関係にあった神道を国家から切り離す、国旗の掲揚は禁止する。教育勅語も廃止する。これにはかなり反抗がありましたけれども、GHQのひとにらみで駄目になってしまった。

新憲法も、あれを受け入れるならば、「日本が独立の暁には、この憲法は効力を自然に失う」という付則をつけておくべきであったのが、そういうことも何もしていない。ドイツなどは、それをちゃんとやったのです。これをやらなかった日本は、本当に間抜けというか、意気地なしというか……、そしてアメリカ流のデモクラシーに則って諸制度を急につくり上げてこれを施行したわけです。これが5D政策です。

それを円滑あるいは活発に行なわしめる補助政策として3S政策があった。第一のSはセックスの解放、第二のSがスクリーン、つまり映画・テレビというものを活用する。それだけでは民族のバイタリティ、活力、活気を発揮することがないから、かえって危ない。そこで精力をスポーツに転ずる。これをうんとはやらせる。スポーツの奨励——これが第三のS。これらを、3Rの基本原則と、具体的な5D政策の潤滑油政策として奨励した。

なるほど、これはうまい政策でありまして、非常に要を得ておる。これを３Ｒ・５Ｄ・３Ｓ政策というわけです。

　こうした占領政策を施行された時に、日本人は堂々と振る舞うと思ったのですが、案に相違して、我も我もとＧＨＱ参りを始めました。特に公職追放が行なわれてから後は、表向きの人々はＧＨＱ様々で唯々《いい》諾々《だくだく》として「命これ奉ずる」という有様でした。そこへゆくと、同じ敗戦国でもドイツ人は違っていました。彼らは、なにしろ昔から勝ったり負けたりを繰り返してきているから、たまたま負けても動ずるところがない。ですから、占領軍が命令しても悪いことは堂々拒否する。日本人は唯々諾々、直立して「イエス・サー」と言うからイエスマンといわれたが、ドイツ人はこういうふうですからNein Mensch—No Manです。占領軍は、だから、初めは日本人を可愛がり、ドイツ人を憎みましたが、しばらくすると、「日本人はつまらぬ、骨がない」と軽蔑し、逆にドイツ人を「しっかりしとる」と褒めるようになったのです。

　日本を全く骨抜きにするこの３Ｒ・５Ｄ・３Ｓ政策を、日本人はむしろ喜んで、これに応じ、これに迎合した、あるいは、これに乗じて野心家が輩出してきた。日教組というものがその代表的なものであります。そのほか悪質な労働組合、それから言論機関の頽廃、こういったものは皆、この政策から生まれたわけであります。

今日の日本の堕落、頽廃、意気地のなさ、こういう有様は昨日今日のことではない。非常に長い由来・因縁があるということを考えないと、これを直すことはできません。

皆さんが今後起こってくる諸般の問題をお考えになるには、目先の問題をとらえた流行の皮相な理論では駄目でありまして、先程申したように、少なくも明治以来の思考の三原則によって徹底した考察をなさらないと正解を得られない。したがって、今後の真剣な対策も立たないということを私は信ずるのであります。

兵書に学ぶリーダーの心得——孫子・呉子・六韜三略より

中ソが真剣に研究する『孫子』

今日、世界の政治——広い意味での政治を現実的に決定している思想なり、原理というものは、理想主義の宗教でも哲学でもなくって、まさにきわめて現実的な兵学なのであります。しかし、これは今日に限りません。兵学はだいたいシナ戦国以来発達したものでありますが、当時、孔孟だの老荘だのという、いろいろ理想主義の教学がありましたけれども、実際において遺憾ながら兵学が現実を決定しておったと申しても過言ではないと思うのであります。

昔も今も、人間世界の実相というものは、そう変わらないものでありまして、これは人類の進歩という点から申しますと、はなはだ、めでたからぬことであります。面白い事例を申し上げますと、戦争前の風雲急なる時、ソ連に新しい戦略の研究ができたというので、苦労して旧軍が手に入れましたら、『孫子』のロシア語訳であったなどという話があります。また、最近は社会党の鈴木茂三郎氏を始め、訪中使節団が向こうで、毛沢東から『孫子』の話を聞いております。事実、これは中ソなどで真剣に研究されておるのであります。日本の政治や評論は、これに反して実にあまいものです。

　兵学と申しますと、古来、『孫子』『呉子』『韜略』（六韜三略《りくとうさんりやく》）を申します。民間では「虎の巻」と申します。虎の巻と申しますのは、『六韜』の中の一部でありますが、『六韜』の「韜《とう》」という字が面白いのです。これは昔、弓が最も武器として発達したものであった時代に、弓をしまっておく袋を韜と申します。そこで、兵学では韜という字を重んじまして、つまり、

「武器というものは用いざるをもって理想とする」

という意味で韜という字を使ったのですから、東洋の軍人・政治家たちの思想が非常に人道的であった、ということがこの一字でも分かるわけであります。

　この『六韜』というのは、シナの人の癖でありまして、誰か偉い業績の人物に結びつけて作者とするのでありますが、これは周の文王の宰相太公望の作とされております。けれども、もちろん太公望の作ではなく、もっと後世のものであります。これが文韜、武韜、すなわち、文の巻、武の巻、それから、龍の巻、虎の巻、豹の巻、犬の巻の六つありまし

て、これを『六韜』と言います。そのうちの虎の巻が代表名になりました。しかし、内容から申しますと、一番つまりません。『三略』というのは、上略・中略・下略とありまして、兵書と同時に政治哲学と申してよいのであります。

この『孫子』『呉子』『六韜三略』というものは、後世最も広く読まれ、また、最も広く活用されたものであると思います。『三略』は漢の張良を教えた黄石公の作というのでありまして、もちろん仮託であります。実はもっとずっと後のものであります。日本でも、鎌倉時代以後、特に戦国時代から実に広く読まれました。この『六韜三略』も微に入り細にわたって引用し、解説いたしますといいのですが、今日は、その最も現代に痛切に響くものを挙げました。

第一に、三略のうち、上略の冒頭を録しておきました。

一、夫《そ》れ主将の法は務めて英雄の心を攬《と》り有功を賞禄し、志を衆に通ず。（上略）

これにつきまして、面白い逸話があります。例の北条早雲（伊勢新九郎）が、ある日法師に『三略』を講義させました。法師が開巻冒頭これを読みますと、聞いておりました早雲がいきなり、「よしわかった！　これで十分」と言って講義をやめさせたという話があります。これは北条早雲に関する有名な逸話になっております。まさに主将の法ばかりでなく、宰相の法、人の上に立って多勢を使う者の心得というものはこの一言に尽きると申してよい。

「主将の法は英雄の心」と、つまり雑輩を相手にしてもつまらない。偉い奴の心をぐっと握るということが大事であります。つまらない人間のご機嫌を取って、空《から》人気を占めたところで何にもならない。しっかりした偉い奴の心を握って、そして、「有功を賞禄し」、手柄のある者に惜しげもなく褒美をくれてやって、それと同時に、なさんと欲するところ、つまり志を多勢の者に通ずる。「通」というこの一字が字眼で、大事なのであります。いかに衆に志を通ぜしめるか、わがなさんとする志を衆に通ずるか、これを慌て者は単にPRと考えるのでありますが、これはいくらPRしたって通じはしないのであって、通ずるにはやはり、自ずからそれだけの道がある。それは具体的な問題といたしまして、とにかく通じなければ――偉い奴の心を取るだけではいけません、同時に、衆に通じなければいけない。PRも一つの通じ方でありますが、なにもPRしなくたって、民衆はちゃんと理解するようであります。というのは、民衆はよく直覚するものでありまして、これは皆さんがよくご承知のことであります。

今日の時勢におきまして、民主主義とは何ぞやということが、すでに民主主義学者に遺憾なく論じ尽くされておりますが、民主主義というものは、従来は対象を大衆に置いておりまして、何でも大衆、大衆といって、大衆を対象にし、大衆を目標にし、大衆というものから一つの潜在的恐迫観念を受けてきたのが民主主義でありましたが、この頃は、すっかり変わりました。民主主義もこれ以上、大衆というものを誤解し、大衆というものに権力を持たせ、大衆に迎合したら民主主義は滅びるということは、ウォルター・リップマンも、あるいはスペインのオルテガも、ああいう人々もはっきり言っております。これからの民主主義というものは、大衆の中からいかにエリート、すなわち英雄、このエリートを出して、これをいかに懸命に組織するか、これを有能に活用するかということだとはっきり出しております。

今の民主主義の一つの誤りは、大衆というものを錯覚して、大衆に迎合して、大衆を指導することを忘れ、大衆に指導されておる点があるというようなこともしきりに言われておるのであります。

この上略の一部は、今日、明日の民主主義に通ずることでありまして、いかにして英雄の心を攬り有功を賞禄し、そして、いかにしてその志を衆に通ずるか、まさに今日にも生きた原理・原則であります。

その次に同じ上略から、こういうことが論じられております。

二、群吏朋党し、各々親しむ所を進め、姦枉を招き挙げ、仁賢を抑え挫き、公に背き私を立て、同位相訕《そし》る。之を乱源と謂う。（上略）

「群吏朋党し」、多くの役人が徒党をつくって、「各々親しむ所を進め」、自分の親しい人間だけを推薦して、「姦枉を招き挙げ」、姦という字は女を三つ書いてありますが、これは女三人寄れば姦しいと、これは張り扇（講釈師）の説でありまして、本当の文字学から申しますと、別の意味があります。これは男には少し悪い字でありまして、大勢の女を自由に操縦する男の悪知恵を意味するのであります。これと反対の「奸」という字の、そのつくりは「求める」「欲しい」。女が何か欲しい時にうまく持ちかける、あの狡知を言うのでありますます。面白いものであります。姦、すなわち悪がしこい、枉は曲がっておる。悪がしこくて、曲がっておる人間を招き挙げ、「仁賢を抑え挫き、公に背き、私を立て」、同じ地位にあるものを相そしる。これを乱の源と言う。これを戒めなければならぬ。

どうもこれは昔のことと思えません。「同位相訕る」てなことは、甚だ手痛い言葉であります。実例を並べるまでもなく、皆さんは私以上にピンピン通ずることでありましょう。

それから虎の巻に入りまして、文韜に、

三、善を見て而も怠り、時至りて而も疑い、非を知って而も処る。この三者は道の止む

所なり。（文韜）

この三つがあると、進歩が止まってしまう。「善を見て怠り」、この時機ということを見ながら、これを実行せず怠る。時機、時というものは、のべつ幕なしにあるわけではありませんので、必ず機というものがある。だから時機と申します。人間の生命にも必ず機というものがあります。つまり、そこを押えたら、それが他の部に、また、全体にひびく所と、一向何にもひびかぬ所があります。つまり、「ツボ」「勘どころ」というものが皆あります。時というのは、そういうツボ、勘どころの連続であります。

この頃、連続、非連続ということが使われますが、時というものは、機というものの連続であります。だから、時というものをとらえようと思うなら機をとらえなければならない。これは一度逃してしまえばなかなか始末におえないものであります。その時が至っておるにもかかわらず、疑って、まだ時機が早いとか、やれ反作用がどうだとか言って、ぐずぐずする。それから、悪いと知りながら、何にもせずしまっておく。この三つがあれば、どうしても進歩が止まってしまう（処と言う字はおると読む）。

「非を知って而も処る」。進歩的なナショナリズム、軍人、政治家、戦争も政治もこれで大事を誤ったということを論じております。

文韜に、それから武韜に次のことを論じております。

四、乱臣を養うて之を迷わし、美女淫声を進めて之を惑わし、良犬馬を遺《おく》って之を労《ねぎら》い、時に大勢を与えて之を誘い、上察して天下と与《とも》に之を図る。（武韜）

「乱臣を養うて、之を迷わし」、その国を乱すような人物に密かに手を入れて、賄賂をつかってこれを養い、「美女淫声を進めて之を惑わし」、淫声というのはみだらな音楽、それから「良犬馬」、犬や馬、「良犬馬を遺って之を労い」、つまり、相手方にいろいろの賄賂をつかって、懐柔することであります。ここまではまだ当たり前のことで、この次に、なるほどという事を論じております。「時に大勢を与えて之を誘い」、これが大切な事で、賄賂をやったり、いろいろ腐敗させる政策をやったりしても、時に人間ですから反省しますが、そうしておいて、一方大勢を与える。

これはたとえば、今日のソ連、中共も世界史の進行は必然的に資本主義社会を行き詰まらせて、そうして社会主義社会をつくる、歴史の必然として最後は共産主義なのだ、すなわち我々の天下になるのだ。我々は、そいつを少しも早く埋葬してやるのだ、と。これが今の「大勢を与える」ことであります。こういうふうに時の勢いがあるのだ。お前たち、ぐずぐずしていたらバスに乗り遅れるぞ、ということを教えておるのです。

誘惑する、これはいろいろ心理学者が言っておりますが、人間は小さなこと、身辺のささやかなことには非常に敏感でありますが、少し意識感覚を越えた大きな問題になると、おそろしく鈍感になる。大きな問題に敏感だとよいのですが、小さな問題に敏感で、大きな問題に鈍感であるというのは、人間心理の特徴でありまして、世界史の必然的な帰結がこうなのだ、などと言われると、そうかな、と皆動揺する。これは日本でも、朝鮮でも、シナでも、ヨーロッパの歴史を見ましてもそうでありまして、たいてい謀略の大家などという奴はこの手を使う。世の中はこうなるのだ、もう幕府は駄目なんだ、勤皇の勝利になるのだ、時の勢いだ、などと幕末に盛んに言った。こういうようなことが劇や小説に描写されておるのであります。

もう一方、「美女淫声を進めて之を惑わし」、今、現にソ連、中共でも、劇団とか楽団とかをだんだん日本に寄こして、文化交流とか何とかいって、いろいろやっておりますが、いわゆる美女淫声を進めておるわけであります。あるいは良犬馬、相手の喜びそうな娯楽の道具を、犬の好きな奴には犬を、馬の好きな奴には馬を、ゴルフの好きな人にはゴルフを与える。こういうものをずいぶんソ連・中共よりもらって、得々として並べているような人も私の知っている人の中にもおりますが、それを、「時に大勢を与えて之を誘い、上察して天下と与に之を図る」と申すわけです。

支配階級・権力階級、上位にあるものの情勢をよく観察して、そして今のようなことを適用して、「天下と与に之を図る」。一方、そういう手を尽くしながら、これが世の中のムードになるように、世論になるように、これが「天下と与に」の意味であります。

一方、そういうことをしておいて、上の支配層の連中がどういう状態であるか観察しながら、その連中をそこに引っぱり込み、引き落とすためにムードをつくっていく。世論をつくっていく。「上察して天下と与に之を図る」。そんな謀略をやる。戦後、ソ連からも中共からも、その通りに我々は加えられたわけであります。ジャーナリズムとか、マスコミとか、これに惜しみなく金を使った。自分の国民はさんざん飢えさせ、苦しめておいて、縁もゆかりもない日本から、政治家も新聞記者も文化人も何もかもただで招《よ》んで、優遇して、そうしてあらゆる煽動を試みた。すなわちムードをつくることであります。どうも、この武韜を読みますと、ひしひしと反省させられて、むずがゆくなるところであります。

五、敵に勝つには無形に勝つ。上戦は与に戦うなし。（龍韜）

今度は龍の巻であります。龍の巻にこういうことを言っております。「敵に勝つには無形に勝つ。上戦は与に戦うなし」。本当の勝利というものは無形に勝つものである。最上の戦略は決して正面衝突をやるものではない。すなわち「与に戦う」ことはない。いかにして戦わずして勝つか——ということが龍の巻の所説である。

同じことを、別の『三国志』の中から、皆さんご承知の、「泣いて馬謖を斬る」という馬謖の伝がございます。その中の一文をご参考に挙げておきました。

六、用兵の道は心を攻むるを上と為す。城を攻むるを下と為す。心戦を上と為す。兵戦を下と為す。（『三国志』「蜀志・馬謖伝」）

すなわち戦略というものは攻城兵戦にあるのではない。武器を持って相戦うのではない。そういうものは下策であって、上策は相手の心を攻めるのだ。心戦をやるのだ。言い換えれば、思想戦、謀略戦、心理戦、冷戦である。どうも日本は近来、中ソから盛んに心を攻められ、心戦に追い回されたといっても少しも誤りでないと思います。同じことが『孫子』謀攻篇の中に書いてございます。その有名な言葉でありますが、すなわち、

七、上兵は謀を伐つ。其の次は交を伐つ。其の次は兵を伐つ。其の下は城を攻む（『孫子』「謀攻」）

「上兵は謀を伐つ」。相手の作戦、相手の政略すなわち謀を伐つのだ。政策・戦略・謀略を間違わせる。すなわち「謀を伐つ」、これが一番上である。だからスパイといっても、秘密を盗むなどは低級スパイ、スパイの駆け出し、足軽でありまして、本当のスパイは、

相手の戦略や政略を誤導することであります。ご承知のゾルゲや尾崎秀実（ゾルゲ事件）などが、日本の政府や軍部などに非常にうまく取り入りまして、そして日本の国策、日本の戦略というものを重大な錯誤に陥れました。まさに日本は謀を伐たれたわけであります。スターリンは上兵を用いたわけであります。

「上兵は謀を伐つ。其の次は交を伐つ」。すなわち交友関係にある諸国の結束を伐つ。日本で申しますならば、日米の親善、アジアの自由諸国の結束を破壊する。日本を極東の孤児にする。アメリカを日本からシャットアウトする――ということができれば戦う必要もない。日本を簡単に屈服させられるわけでありますから、確かに妙策であります。

「其の次は兵を伐つ。その下は城を攻む」。攻城、野戦、軍事基地の攻撃などは下の下である。それより前に自衛隊無用論、解消論、軍備反対、平和中立などというものは、これはいわゆる「兵を伐つ」というものであります。それよりうまい方法は、日本をアメリカその他友好諸国よりシャットアウトして孤立させると、問題はない。その前に日本の政治家や指導者がいろいろ考えることを打ち壊してしまう。これが本当に謀攻、高級戦略であります。

その次に、ご参考までに『十六国春秋』から一節。晋《しん》の時、北シナ一帯が大動乱に陥りまして、大小の諸国、ほぼ十六カ国、これが対立、闘争いたしました時の歴史を書いたものが『十六国春秋』であります。その中にこういうことを論じております。

八、用兵の道は敵彊《つよ》ければ智を用い、敵弱ければ勢を用う。是の故に大を以て小を事とするは猶ほ狼の豚を食らうがごときなり。（『十六国春秋』「前燕録」）

「用兵の道は敵彊ければ智を用い」、すなわち智略でよい。相手が弱ければ勢を用う。かさにかかって圧倒する。「是の故に大を以て小を事とする」は、すなわち、大国が小国を自由にするのは「猶ほ狼の豚を食らうがごときなり」。相手が小国でも、強いとみれば謀略をもって欺くし、相手が弱いとみれば、どこまでも威圧していく。実に情け容赦もありませんので、日本はこの通りやられてきたわけであります。

第九に、これは『孫子』の中でも、日本人に最もよく知られ、最もよく活用されておる文献であります。ここにはっきりと、

九、兵は詭道なり。故に能くして而して之に能くせざるを示し、用いて而して之に用いざるを示し、近くして之に遠きを示し、遠くして之に近きを示し、利して之を誘い、乱して之を取り、実つれば之に備え、強ければ之を避け、怒らせて之を撓《みだ》し、卑《ひく》うして之を驕らせ、佚《いつ》すれば之を労《つか》らし、親しめば之を離し、其の備え無きを攻め、其の

不意に出づ。此れ兵家の勝にして、先伝すべからざるなり。（『孫子』「始計」）

「兵は詭道なり」。戦というのは、熱戦、冷戦にかかわらず、兵というものは詭道だ。詭というのは偽ということであります。兵というものは、戦というものは、相手を偽る道であると、はっきり言っておる。こういうことは理想主義の文献にはよう言わぬことです。そんなことを言ったら、実は人間を冒涜することだと道徳家は恥じますが、いわゆる戦略、兵法の大家であるところの孫子は、これをはっきり言明しております。つまり苛烈なる現実を端的に断言しておる。「兵は詭道なり」。兵は偽る道である。相手を騙し討つことである。「故に能くして」、できる力があるなら、そういう場合は「之に能くせざるを示し」、たとえば原子兵器を持つ。これは使える。しかし、使える時には使わない――使うことはできないということを示す。

「用いて而して之に用いざるを示し」。相手国を今までに挙げた方法で崩壊に導き入れよう、混乱に陥れようとすれば、逆に、猫なで声で仲良くしよう、友好親善というようなことを言う。用いて而して之に用いざるを示し、「近くして之に遠きを示し」、ソ連で言うなら、我々はどうしてそんな遠い極東の平和を乱すような、そんな野心があるだろうか――と平気で言う。近くして之に遠きを示し、今度はその逆である。「遠くしてこれに近きを示し、利して之を誘い、乱して之を取り、実つれば之に備え」相手の力が充実してくるとこれに対応する。

「強ければ之を避け、怒らせて之を撓し、卑うして」、すなわち下手に出て「之を驕らせ」、「佚すれば」すなわち向こうがなまける、というと、「之を労らし」、いろいろと相手を刺激して、これを疲れさせる。

「親しめば之を離し」、日本の社会党でも共産党でも、この手にかかってふらふらになっておるわけです。内に抱くかと思ったらこれをいじめる。「親しめば之を離し、其の備え無きを攻め、其の不意に出づ。此れ兵家の勝にして、先伝すべからざるなり」。先立って伝えることをしてはならぬ。奥の手はなるべく見せぬように、後から出すようにして、先んじてはこういう逆のことをやる。これすなわち詭道である。偽りの道である。どうも辛辣といいますか、悪辣であります。

この韜略、兵家の思想は、この詭道の故に理想主義者は攻撃するのでありますが、その通りでありますけれども、厳しい現実から言うと、つまりこの連中から見ますれば、何をぬかすか、現実はこうだ！　というわけであります。また、そのために理想主義者がずいぶん倒されておる。皆さんご承知かどうか知りませんが、お釈迦様の伝記を冷静に調べますと、あの釈迦の故国、すなわち、カビラ城と釈迦の一族は滅亡しておるのです。彼らは切々として釈迦の救いを求めたが、釈迦はついにそれに応じませんでした。因果応報とし

てあきらめきっておりました。釈迦の究竟理想はそういう一時の興亡を超えておりました
けれども、釈迦も人間でありますから、この一族の悲運に際しましては、非常に煩悶され
たことが十分に知られます。
シナにおいて仏教・禅に心酔いたしました代表的な一人は、ご承知のダルマを迎えたと
いわれる梁の武帝であります。梁の武帝の最後は「読書万巻ここに至るか」と人をして慨
歎せしめておる。宗教は同時に、仏法は同時に、王法でなければならぬ。仏教は同時に真
の国家の教えでなければならぬ。鎮護国家でなければならぬ——としたところに聖徳太子
の偉いところがある。いくら理想を説いても、こういう兵隊によって、現実主義者によっ
て騙されたり、滅ぼされたりしたのでは、そういう信仰や哲学もやはり無力といわなけれ
ばならない。理想は同時に現実に対して有力でなければならない——ということが日本の
伝統的な信念であり、また中国においては儒教の本義であります。

とにかく兵家は明白に恥じも恐れもせず、「兵は詭道なり、兵は偽をもって立つ」と言
い切っておる。これはマルキシストとか、ボルシェヴィスト、コミュニスト、ソビエトや
クレムリン、北京の連中も同じことです。はっきり言い切っておる。それに対して、自由
主義陣営の方は、よう言い切らぬ。腫物《はれもの》にさわるようにして、どうかすると、向こうのた
めに弁解をするという非常な弱さがある。それはそれとしまして、今日はなるべく私の意

見を言わないようにしまして、忠実に文献の紹介をいたします。

文献ということを申しましたが、往々間違って使っているようであります。文献ということはドキュメント・記録と解する人が多いのですが、それならば文だけでよいのでありますます。献という文字は献上するの献、これは文字記録に対する人物のことを申します。単なる記録だけでは価値がないので、いかなる人物が表した記録であるかということが大切なことである。それで文献というのであります。献は賢に通ずるのであります。献は、そういう優れた人（賢）を民衆が推戴するものである。つまり、選挙するものである。推戴するという意味から献という字を使うのであります。たいてい文献というと、文という意味にとって献を忘れてしまうのですが、文献は、そういうような深い内容を持っております。さて、『孫子』の文献まさに文献でありますが、

十、兵は詐を以て立ち、利を以て動き、分合を以て変を為すものなり。故に其の疾きこと風の如く、其の徐《しず》かなること林の如く、侵掠すること火の如く、動かざること山の如く、知り難きこと陰の如く、動くこと雷震の如し。（『孫子』「軍争」）

「兵は詐を以て立ち、利を以て動く」。行動は何によってするかといえば、いかに動くことが利かという原理・原則で動くのだ。なにも仁義・道徳で動くのではない。慈善・博愛

で動くのではない。利で動くのだ。これもはっきり言い切っておる。そして「分合を以て変を為すものなり」。それも決まり切ったものじゃなく、ある時は分裂、ある時は合体、分かれたり、合したり、分合をもって千変万化するものだ。猛烈に反対闘争、今にも戦争をしかねまじき勢いを示し合っているかと思うと、急に猫なで声になって、友好親善、平和共存などをやる。自由自在、つじつまが合わぬとか、筋が通らぬとか、そんなことは理想主義者の寝言である。現実主義者は、そこは自由自在、利を以て動き、これが利だとなれば合体もする。共存もやる。友好親善もやる。いかんと思えば急変して、分裂闘争をやる。これが兵法だ、戦略だ、政略だ。

「故に其の疾きこと風の如く、其の徐かなること林の如く、侵掠すること火の如く、動かざること山の如く」。これを「風林火山」と申しまして、これは車夫、馬丁まで知っている日本の言葉で、講釈師が張り扇で民衆に打ち出した言葉です。これが武田軍首脳に取り上げられて、武田軍の旗の銘になっております。これは単なる形容にすぎません。しかもなお、次があります。

「知り難きこと陰の如く、動くこと雷震の如し」。大事なことは前の三原則であります。兵は詐を以て立ち、利を以て動き、分合を以て変を為す。この三原則に立って、ある時は疾風の如く行動する。ある時は林の如く静かに構える。ある時は猛火の如く侵略する。ある時は山の如く落ち着く。そして、何が実体か、何が本心か、何が目的か、策略かということを分からせない。「知り難きこと陰の如く」、陰といいますのは、陰陽の陰、陽は外に表れる。陰は内に籠もる。内に籠もった力を陰と申します。そいつが動くとなると、雷震の如し、雷震のように急速に、衝撃的に、つまり、電撃戦、あのヒットラーの戦法は動くこと雷震の如し、という原則であります。これはヒットラーに限りませんで、古来戦争の歴史を見ますというと、電撃戦は将軍連中によって盛んに活用されております。動くこと雷震の如し。これが本当の戦略、政略の実体である。ところが無知な人間、あるいは弱き人間は、それ、ジュネーブの雪解けだ、キャンプデービットの精神だ、ソ連政策の変化だ、中共の動向がどうだ——などといって一顰一笑するのでありますが、これはまさに兵法——戦略・政略から申しますと、お誂え向きであります。翻弄をすることができるわけであります。

十一、太宗曰く、朕、千章万句を観るに、多方以て之を誤らしむの一句を出《い》でざるのみ。

（『李衛公問対』）

『孫子』というのは兵書の中で最も優れたものでありますが、別に『李衛公問対』というのがあります。これはシナの易姓革命の上に最も偉大な革命的英雄といわれまする唐の太宗と、その最も信任のありました李衛公（李靖将軍）その人との問対《もんたい》、戦略・政略の問対を録したものと称される書物であります。これはとにかく良い本であります。その中に、太宗という人は儒教を尊び、学者を集め、人材を抜擢、登庸し、非常に立派な政治をした人でありますが、戦略というものはこのようなものだといって、この中にこういうことを論じております。

「太宗曰く、朕、千章万句を観るに」、私があらゆる書物を、兵書、戦略、あらゆるものを読んでみるに、「多方以て之を誤らしむ」、あらゆる手段で相手を誤算に陥れるという「この一句を出でざるのみ」。戦争というものは、戦略というものは、あらゆる手段を以て相手を誤算に陥れる――という一句を出るものではない、これで尽きておる。

どうも達人というのは、物をぎゅっと掴むことがうまい。伊勢新九郎の北条早雲、また然《しか》りであります。上略の「夫れ主将の法は務めて英雄の心を攬り有功を賞禄し、志を衆に通ず」。分かった。これで十分！　このように直覚と応用力の利くのが、古来英雄の常であります。太宗然りであります。どうも終戦以来、我々自ら省みまするに、日本は多方以て誤らしめられてきた、この一句を出でざるのみ、の感がするわけであります。

十二、凡《およ》そ国を制し軍を治むるには必ず之に教うるに礼を以てし、之を励ますに義を以

てして、恥《はじ》あらしむるなり。夫れ人恥存《あ》る時は、大に在りては戦うに足り、小に在りては守るに足る。（『呉子』「図国」）

最後に『呉子』の中から切実な一節を採録いたしておきました。

「凡そ国を制し軍を治むるには」、およそ国に秩序を立て、目鼻をつけ、国を治めていく、軍を治めていくには「必ず之に教うるに礼を以てし」、礼と申しますのは、美しい秩序・調和のことでありまして、礼を以てし、やはり秩序とか調和とかを重んじなければならない。政治でも軍政でも同じこと。

そして「之を励ますに義を以てして」、つまり、道義というものを奨励しなければならない。どうも利を以て励ますのは駄目なのです。これは古来、東洋の政治哲学に遺憾なく論ぜられておる。これだけ儲けさせてやる、これだけ豊かにしてやるといっても、「隴《ろう》を得て、蜀《しょく》を望む」という諺の通り、人間は決して満足するものではない。満足するものばかりでなく、決して平等にえこひいきなく偏頗なく利を起こすことはできるものではありませんので、一利あれば一害あって、利というものは反面必ず害を持っておる。だから、一方利があれば、一方害がある。少なくとも欲望があれば不満が出てくる。のみならず、利というものは、心理学者・道徳学者らがすでに解明しておりますように、いくら与えても民衆は満足しない。それは生理と同じことでありまして、うまいものを食べて、どんな贅沢をしても、健康は良くならない。生命は内実高まらないのであります。むしろ、生命はむしばまれ、健康は損なわれるのであります。

それよりも、この頃皆さん、哲学のできる医学者の説に注意なさると面白いのですが、この頃の医学は、哲学、心理学、道徳学になっておりまして、人間の健康を一番良くする方法はどうすればよいかというと、〈心を善くし、大脳を活発にすることだ〉と論じております。つい二、三年前までは、大脳医学というのは大脳皮質ばかり論じておりました。もっぱら大脳皮質、すなわち知性の中枢を刺激することに重点を置いておったのですが、最近になりますと、大脳の一番大事なのは知性じゃなくて、情緒の中枢、感情の中枢であります。それは大脳の皮質から離れて、大脳の真ん中、こめかみの深部にある。これは数学の岡潔さんも言っておるので、面白い。実は生理学者、大脳医学者ら何人もが言っておるのですが、大脳皮質よりもっと離れた所に、こめかみの奥におそらく人間そのものの中心があるのだろうと解説しております。人間というものは、もっと精神的な、高い情操を刺激した時に、本当に生命力が高まる。あんまり胃や腸を満たしたって、人間は感奮興起しない。それはその通りで、人間はどんなに経済が発達しても駄目なのです。むしろ弊害が多い。どちらかといいますと、経済を引き締めておいて、腹八分目で、あまり繁栄は銘すべきではありません。八分目ぐらいの繁栄がよいのです。

「励ますに義を以てして、恥あらしむるなり」。これが最も大事なところであります。兵書の研究、兵学の研究、孫・呉の研究をする学者連は、この点を非常に重要視して注釈しております。「恥あらしむる」。要するに人間に恥を知らしむる。これは一番大切なことで「夫れ人恥存る時は、大に在りては戦うに足り、小に在っては守るに足る」。これを一番よく活用したのは徳川家康であります。徳川家康は多くの名僧・碩学を集めて、政治哲学をやりまして、そして武士道というものを盛んにして、武士道の根底を「恥を知る」というところに置いた。これがずっと民衆に移りまして、たとえば、侠客道というのが日本の庶民階級を向上させるのに非常に役に立ちました。今日に至るまで、講談、落語、浪花節に盛んに股旅もの、侠客ものをやりますが、あの侠客道は武士道と同じでありまして、いかにして恥あらしむるか、恥を知るという精神、原理の上に立てられた階級道徳であります。

あの清水の次郎長とか、幡随院長兵衛とかの連中は、あの当時の社会から言いますと、面白い存在であります。彼らは労働組合長であり、職業紹介所長であり、簡易宿泊所長、そういうものを一身に集めたものであります。幕府時代には幕府の各大名に対する搾取政策のため、皆きゅうきゅう言っておりまして、いろいろ困ることがありましたが、最も彼らが悩んだことは労働問題であります。参覲交代や、毎日の出勤、あるいは江戸城の修築、東照宮の造営、河川の改修、いろんなところで搾取された。したがって、労働問題はえらいことであった。いかに立派な労働力を確保するかが死活に関する問題でありまして、今日の会社の比ではない。ここにおいてつくり上げられたのが武士道であり、すなわち侠客団体であります。

これは日本の幕府政治を見るうえにおいても一つのデリケートな問題であります。それは全く「恥をあらしめる」ということにあるのです。恥を知らなくなったら、人間はどうなってしまうか分からない。現代の一つの深刻な問題もここにあると思うのであります。ご承知のロシアにソロビヨフという哲学者がおりますが、私はロシア語が分かりませんので、英訳本で読みましたが『善の弁証』という名著に、人間の倫理・道徳の根底を「恥を知る」ことに置いておる。『呉子』に通ずるものがあります。

こういうところにも今後の政治の秘訣があると思うのであります。そういうふうに論じてまいりますと、なかなか兵学というものも、道徳学というものも、政治学というものも、究竟は共通のものであります。しかし、兵学というものは実に生々しい痛烈なものであります。兵書を読んでおりますと、いわゆる進歩的文化人などの軽薄思想などは、実に恥づべきものであります。

皆さんのような、厳しい現実に直面して、これを処理していかねばならない人々は、この兵学、少なくとも、孫・呉・韜略ぐらいは肚の底に刻み込んでおおきになることが非常に力になると存ずるものでありますから、今日、素心会のご懇嘱にまかせて、こういうものをご紹介申し上げた次第であります。

東洋思想と人間学

「万世ノ為ニ太平ヲ開ク」——終戦の詔勅秘話

「時運」と「義命」

先に鬼頭先生から「義命ノ存スル所」というご詔勅のお話が思いがけなくございまして、びっくりいたしました。私は、この問題は改まってはお話をしないことにしておりまして、これまで彼処《かしこ》此処の新聞・雑誌からずいぶんとせがまれたものですが、一度も応じないで話しも書きもせずに押し通して参りました。いったんご詔勅が出た以上は、誰があしたこうしたというようなことは、まして関与した者が言うべきではありません。それで一切やりませんでしたが、どこからともなく聞こえるものとみえまして、実は不意を衝かれた感じで驚きました。このこと自体、よほど親しい人にしかお話をしないのですが、今日は鬼頭先生からたまたまお話が出ましたので、皆さんが何のことか分からんということでは いけませんし、それに本日は特に親しい師友会の、学問に特別熱心な方々ばかりでありますので、間違いのないように、ちょっとお話を申し上げておきます。（注・安岡正篤氏が終戦の詔勅に朱筆を入れた経緯については、解説〈二四二頁〉参照）

日本の開闢《かいびゃく》以来初めての、思いもかけぬ、あるいはとんでもない悲運に遭遇されて、陛下がこのご詔勅を渙発なさいますについて、私は沈思熟考いたしまして、欠く可からざる二点、細かいことは別としまして、絶対に必要なる二点に気がつきました。

その一つは、いかなる国の敗戦、降伏の場合にも未だかつてない、西洋流に言えば黄金の文字、日本の天皇なればこそという権威のある言葉をどうしても選びたいということ。他の一つは、これは力尽きて仕方なく降伏するというのでなく、道義の命ずるところ、良心の至上命令に従ってする、損得利害の問題でないということ、それが日本の皇道であり日本精神の眼目であるということ。この二点だけはどうしても逸してはならぬと考えまして、まず最初の問題のために千思万考いたしまして、これ以上の言葉はないと思ったのが「万世ノ為ニ太平ヲ開ク」であります。これは宋の大儒の一人張横渠《ちょうおうきょ》の有名な四箇条の名言の最後の一条であります。

もう一つが「義命ノ存スル所」ですが、これが道義の至上命令、良心の最も厳粛な要請という意味であることは申すまでもありません。戦に負けたからこうするというのではない。これ以上に戦を続ければ屍山血河の果てに屈するからやめるというのでもない。場合によっては、堂々と勝ち戦をしておってもやめる。戦えば戦えるという場合でも、道義、良心の命令とあれば敢然としてそれを捨てる。これが義命であります。

私はこのように考えまして、この二つの言葉だけは絶対に失ってはならぬと時の内閣に厳談、厳請いたしました。閣僚たちがこれを審議しましたところ、「万世ノ為ニ太平ヲ開ク」については、戦に負けてこのように言うのはいかにもどうも大法螺《おおぼら》めくではないかという意見、また、いや、これは愉快だと賛成するのもあったそうです。

次の「義命」になりますと、こんな言葉は聞いたこともないという人が多く、我々の分からんような難しい言葉が国民に分かろうはずもないから、これはやはり「時運ノ赴ク所」がよいではないかということになったと聞いております。「時運云々」は、いわば風の吹き回しで、ということです。風の吹き回しで降伏するというようなことは、日本の天皇にあるべき言葉ではありません。

こんなふうの審議の結果、この二箇条は二つとも絶対にまかりならんという人もあったのですが、二箇条とも不可《いか》んというのでは安岡も承知すまいからと、「万世ノ為ニ太平ヲ開ク」の方を残すことになったのだそうです。

これは非常に残念なことでありまして、仮に後世の学者が——これはちょっと余計のことでありますが——このご詔勅を学問的に取り扱うことになった場合、その中に識見のある学者がおりましたならば、日本天皇の信念行動の厳粛な道より観て、この詔勅の「時運ノ赴ク所」はいけない。これは当時の起草者、起草に携わった学者に識見がなかったことを証明するものだと言うでしょう。私が後世の学者だったら必ずそう思います。今さら言いましてもまことにせんないことでありますが、もっての外のことと言わねばなりません。

　中には、ご詔勅の起草に携わったことをたいへんに名誉なことと言う人もありますが、私には実に永遠に拭うことのできない恨事であります。千愁万恨という言葉がありますが、深く私の心、魂を傷つけたものであります。その点から言いましても、このことは私の触れたくないことであり、語るを欲しないことであります。したがいまして私は、今日まですべてを沈黙に付して語らぬこと、書かぬことにしてきたのですが、ほかならぬ鬼頭先生から思いもかけず唯今のお話が出ましたのを機に、師友会の皆さんの十五周年記念の席におきましては、私の心事をお聞き願ってご諒解を得ておきたいと考え、敢えてお話をした次第です。

六然――得意澹然、失意泰然

　先ほど、王陽明の話が出ましたが、王陽明が高等官試験に及第して役人になったばっかりの劈頭にとんだ災難を蒙り、逮捕、監禁、投獄されました。何が原因かというように、その頃、宦官《かんがん》といいまして、日本でいえば幕府の側用人に似た者がいまして、これがたいへんな権勢を振るっておりました。その中に劉瑾《りゅうきん》という非道《ひど》いのがいて、専横至らざるなしといった有様で、当時の人々の顰蹙《ひんしゅく》を買っていたので、正義派の有志がしばしば弾劾を試みましたのですが、劉瑾は、こうした人々を片っ端から追放し投獄して憚らなかった。崔銑《さいせん》という人、これは硬骨の諫官として知られた人でしたが、この崔銑らが投獄された時に、若き王陽明はついに黙視できなくなって、「凡《およ》そ時政を忌憚なく批判し諫めることを以て本分とする諫官の地位にある者を捕えるとは以ての外で意味をなさぬ」と痛論いたしました。これがまた、忌諱に触れまして陽明は逮捕、投獄されたのです。

この時の崔銑が言ったという「六然」という有名な格言があります。これを知って以来この年になるまで「六然」は私の脳裡にあって消えぬのでありますが、その第一は、

自処超然　　自ら処すること超然《ちょうぜん》

これは自分自身に関しては一向物に囚《とら》われないようにすることです。これに続き、

処人藹然　　人に処すること藹然《あい》

ここに言う藹然は、春になって四方の草木が生々と繁り、春の生意が溢れたのどかな風情に満ちますが、そうした様のことであります。人に接するには人を楽しくさせ、人を心地良くさせるように、これが藹然であります。

有 事 斬 然　　　有事には斬《ざん》然

事あれば斬然。この斬然というのはシナの俗語なのですが、事があるときは愚図々々しないで活き活きと、ということです。

無 事 澄 然　　　無事には澄《ちょう》然

事なき時は水のように澄んだ気でおる。

得 意 澹 然　　　得意には澹《たん》然

失 意 泰 然　　　失意には泰《たい》然

澹は淡と同じ。あっさりしておる。失意の時は泰然自若としておる。

私はこの「六然」を知って以来、少しでもそうした境地に身心を置きたいものと考えて、それとなく忘れぬように心がけてまいりましたが、実に良い言葉です。まことに平明でしかも我々の日常生活に即して活きています。

私が大学を出ました大正末期から昭和の初めにかけまして、日本の国情は紛糾し、革命的気運が高まり、やがてテロが横行するようになりましたが、それからさらに一転して満洲事変、シナ事変、そして大東亜戦争といったふうに時勢は激流のようになり、ついに敗戦、降伏になっていったのですが、今日の実情を見まするに、それと同じような動乱の過程を激成しつつあることご覧の通りであります。このまま推移すれば、日本は、おそらくは大正・昭和の歴史よりもさらに悪く、かつ深刻な経験をせねばなるまいと多分に想察せられる運命にあります。

これをどうするかというのが、「立命」であります。どうなるか、これが運命であり、これをどうするかが立命です。この両者を合わせて俗に「運命」という場合には両方の意味が含まれているわけですが、大正末期から昭和の初めは非常に危ない、激しい危機、そうした運命の中にあって立命の点で甚だ誤るところがあったことはいうまでもありません。その渦中に自ら巻き込まれた私としましては、非常に苦心惨憺せざるをえませんでした。餓えたる者が食を求め、病める者が医薬を求めるように、私には、わが心をいかにするかが必須の問題でした。心の持ち方を誤れば測り知れない事態になりますので、そうした中にあって「六然」は、私にはますます有難い処方箋でありました。そして其の中から、私はいつとなく自分に適するもう一つの処方箋をつくりまして、それを自ら「六中観」と名づけました。

六中観——壺中天あり、意中人あり

この「六中観」は私の『百朝集』に載っております。この『百朝集』には曰《いわ》くがございます。——終戦直前に爆撃が激しくなった時、当時、東京の原町にあった金雞《きんけい》会館に職員一同を集めていたのですが、何しろ初めて爆撃を経験するのですから、皆が何となく騒然として落ち着きません。そこで、朝起きると真っ先に皆を講堂に集め、皆が落ち着くように、先哲の感銘すべき片言隻句を採って紹介し、簡単な解説をすることにした。ところが、それをやっておると必ず空襲のサイレンが鳴り出す。すぐにそれぞれの部署につかねばなりませんでした。そんなことが百日以上続いて終戦になったわけですが、それを筆記していた者が後になって、ちょうど百朝になるというので『百朝集』の名が生まれました。当時の筆録者の一人であった西沢嘉朗君がその感想を一篇の長詩に詠じたのがその序として載せられています。

「六中観」の第一は、

忙 中 閑 あ り

ただの閑は退屈して精神が散じてしまう。忙中に掴んだ閑こそ本当の閑でありまして、激しい空襲の中でも十分、二十分の短い閑に悠々と一坐禅、一提唱ができましたが、こういうのが忙中の閑であります。

苦 中 楽 あ り

苦中の楽こそ本当の楽で、楽ばかりでは人を頽廃させるだけです。甘味も苦味の中の甘味が真の甘味であるわけで、これは茶人のよく知るところで、化学者がお茶のタンニンの中にカテキンという甘味を発見しております。人間も甘いだけでは駄目でありまして、一見苦味があるが、さて付き合って見るとなかなか甘い、旨いという人もある。

死中活あり

「身を棄ててこそ浮かぶ瀬もあれ」であります。

壺中天あり

これには故事がありまして、『漢書《かんじょ》』方術伝に費長房という者、一時汝南《じょなん》の市役所の役人をしておったのですが、これが市役所の二階から下を見ていると、城壁に露天商人が店を並べている。一老翁が夕方になって店をしまうのを見ていると、その老翁が後ろの城壁に掛けてある壺の中に隠れて消えた。ああいうのが仙人だなと見届けて、翌日待ちかまえていて、老翁が店をたたむ時にそこへ行って、「私は昨日、あなたが壺に消えたところを見たが、あなたは仙人だろう、是非私も連れて行ってほしい」と強談判に及んだ。では、ということになって、ふと気がつくと非常に景色の好い所へ出た、そこに金殿玉楼があり、その中へ案内されて大いに歓待を受けて帰されたというのであります。有名な宋の『雲笈七籤』（宋・張君房が撰した道教の名言集）にも似たような記事があります。

人間はどんな境地にありましても、自分だけの内面世界はつくり得る。いかなる壺中の天を持つかによって人の風致が決まるものです。案外な人が案外な隠し芸を持っている。

あるいは文学の造詣があるとか、音楽・芸術に達しているとか、信念・信仰を持っているとか、こうしたことによって意に満たぬ俗生活を救われていることがよくあります。そうした壺中の天はなかなか奥床しいものであります。

意中人あり

「意中人あり」というと、通常は恋人ぐらいにしか思いませんが、それ以外に意中に持つべき人は幾らもございます。我々の心中に哲人・偉人を崇拝憧憬して、そうした人を懐いていることは尊いことであります。また、それは我々に霊感を与える実に神秘なものであります。

私は東洋の医書が好きでありまして『傷寒論』を始め、いろいろと読み漁ったものでありますが、この『傷寒論』というのは医学の論語ともいうべきもので非常に難解であります。徳川時代の有名な漢方医で片倉鶴陵という人がありますが、これがその『傷寒論』と取り組んだが、難しいところが多々あって、この上は著者といわれる漢の張仲景先生に教えてもらわなければ何ともならんと匙《さじ》を投げた。疲労困憊《こんぱい》してうつらうつらしていると、夢ともなく現《うつつ》ともなく立派な長老が現れて、お前の奇特な志に感じて教えてやると言って――その長老はどうも張仲景先生だったようだと本人は言っているが――諄々と教えてくれた。驚いてふと我に返ってみると、もう長老の姿はなかったというのですが、こういうことは真剣に求道している者には大なり小なりよくあることです。どちらかといえば、医者として唯物論者だった片倉鶴陵は、これを契機に唯物論を捨てたということであります。

我々は、多少志があり何か事を為《な》そうとすれば、意中の人を持たねばなりません。学校の校長先生にしても、そうした人を持たねば立派な教育はできませんし、事業をするにしても、銀行から金を借りるのが上手というだけでは何ともなりません。専務には誰、経理部長には誰と、そうした意中の人を持たねば事業もうまくまいりません。いわんや大臣においてをやで、内閣でもつくるというからには然《しか》るべき人物が彼の帷幕に参じている。彼の意中に満ち満ちているというのでなければ本当の政治はできません。彼方此方から持ち込まれて義理や人情で大臣にせねばならぬ、心にもない人を大臣にするというのでは碌《ろく》な政治はできません。そこへいくと、独裁専制政治家は自分に気に入った者を集められるからやりよいけれども、反面、自分がしっかりしていないと、とんだ側近に誤られて没落することにもなるわけです。いずれにしましても「意中人あり」でなければ問題になりません。

私の一つの幸福は意中に大いに人を持っているということ、何かと言えば馳せ参じてくれる人々に恵まれていること、これはもちろん私一個の用事でないからそういうことができるのですが、これは大変な幸福であります。

今日問題になっている沖縄、これがどうしたものか食うものが欠乏して困っております。米はカリフォルニアから、野菜は鹿児島から買っているのが実情で、復帰はしても百万の県民をどうして食べさせるかが問題であります。先頃、沖縄の古老が私のところへ参りましてそれを歎きますので、それだったら何でもないと私が一案を話しました。――というのは、群馬の二宮尊徳と言われる農芸の大家がある。芸も人物もできている。この人に行ってもらってビニール農法をやれば、米も野菜も向こうは二毛作であり、かつ水も充分にあるからじきに解決がつく、そのうちに鹿児島に逆に分けてやれるようになる、というわけであります。そこで早速沖縄選出の西銘弁護士が農民代表を連れて群馬に視察に行ったところ、瀬下《せしも》君（日本農士学校出身）の実地を見て大いに驚き、すぐにでもこれを沖縄で実施したいということになり、そんなことから、瀬下君は明日招かれて沖縄に行くことになりました。

何事によらず人材の用意があるということは大変に大事なことであります。病気をしたらあの医者、死んだらあの人に拝んでもらう――あまり縁起は良くないが――そんな何かにつけて意中にちゃんと人がある。そういうふうになるのが人間の修養であり、学問――活学というものです。王陽明のいわゆる「身心の学」です。功利、お飾り、娯楽の学でない、血の通った学、身心を養って我々の経綸に役立てる学であります。

腹中書あり

今お話ししたような学問のためには腹中に書があるようでないといけません。頭の中の薄っぺらな大脳皮質にちょっぴりと刻み込まれたようなのでは駄目なので、わが腹中に哲学、信念がある、万巻の書がある――そうなっていないといけません。忙中閑あり、苦中楽あり、死中活あり、壺中天あり、意中人あり、腹中書あり――と此の六中観、なかなかに思うに任せませぬが、こうしたことがだいぶ身のためになります。こうした精神の陶冶、生きた学問ということになりますと、急場の間に合わせようとしても駄目なものでありまして、平素から備えておかないといけません。

私は忙しいためにやむをえず深夜か早朝に勉強することが多いのですが、一仕事を終えて夜がほのぼのと明け初める時にお茶をたてて頂くのは何とも言えぬ好いものです。そんな時のこと、夜がほのぼのと白んで物のあやめが次第に分かってくるのを見ているうちに、ふと気がついた。暁は「さとる」とも訓ずる、悟るというのは心の闇が白んでくることだが、これに暁という字を充てた、何ともこれは好い字だ、と気がつきました。

何だか私もこの年になってようやく物が分かってきたような気がするので、やっと人生の暁に達したのかなと、こんなことを思いながら茶を啜っていて、これまた、ふと気がついたことがある。了という字も「さとる」と読む。弘法大師の名高い山林独坐の詩に、

「声心雲水倶了々」とありますが、あの了という字です。了はさとるのほかにまた、終わるです。人間がどうやら、成程と悟る頃には人生が了る、そういうふうに人生はできている、そろそろ俺も終が来たかと思う、それならばもう少し迷った方がよさそうである、と苦笑いをしたことでありますが、とにかく学ばぬといかん、ということだけは確かであります。「学ばぬといかん」、これは堅苦しくしかつめらしい教訓ではなく、お互い病気をしてはいかんと、ごく当たり前に言うのと同じ感じの「学ばぬといかん」であります。

この頃つくづくと思いますのに、今日の日本は、ジャーナリズムもマスコミもこれくらい揃っており、また、大学も八百以上もあるのに、本当の意味の学問、教育がない。だから、そうしたところで育った役人や政治家、大事な立場にあるそうした人々に、何が最も大事かが分かった人、六中観のできた人、身心の活学の人が少ない。日本は、そうした人物が輩出しないことには、この難境を乗り切れません。

人生の五計──人生観の学問

今日は「人生の五計」について申し上げたいと存じます。実は、これも詳しく申しますると広範な問題ともなりますので、ごく片鱗だけでも皆さんに有益と思われる点についてお話し申し上げてみようと思います。

日計足らず歳計余りあり

お隣の中国では明の時代、わが国では戦国時代あたりから今日の学問で申します「人生観の学問」とか「人間学」というべきものが特に普及し、これがあらゆる国民階層にまで浸透いたすことになったのでありますが、今度の戦争を境に、この「人生観の学問」も唯物的、功利的思想に置き換えられてしまい、ために時局の混乱をも招くに至った本質的な一原因ともなっていると私は考えております。仮にこうした時期に、もう少しものをよく考える人たち、人間のできた人たち、深い人生観を持った人々が、それぞれの局面に当たっておったならば、こうも世の中は乱れなかったでありましょう。私はこの世の中を本当に救おうとするには、立派な人物を各国の重要なポストに配置し、それらの人々に協議させるよりほかに手がないのではないかと考えております。もちろん、こうした考え方をしているのは私一人に限らず、外国の社会学者、政治学者などの中にもたくさんおります。日本などもその一例であると思います。

ここでは一応この問題はしばらくおくことにしまして、どうも今日のように世の中がますます忙しくなりますと、すべて専門的・機械的になりがちで、実際に人間が静かにものを考える機会というものも少なくなってきております。これは現代の文明生活における一大欠陥でもあります。

今、忙しいという言葉が出たついでに、この「忙」という文字を調べてみますと、なかなかよくできておりまして、「忄」に「亡」という字がつけてございます。忙しいと、どうしても心が亡《な》くなるというわけですね。粗忽になる。ついうかうかと過ごしてしまうものですから失敗も多くなる。このように、この文字からも現代はおそろしく多忙な時代でありますから、確かに人間いろいろ大切なものが抜けておる。特に精神の滅んでおる時代と言うことができるのであります。

ところで、これから私「人生の五計」についてお話を進めてまいりますが、この言葉は明治時代の方でしたら誰でもご存じで、要するに人生には五つのはかりごとがあるということです。また「日計足らず歳計余りあり」という言葉もありますが、この意味は「一日一日の勘定（日計）は赤字であっても一年中の総勘定（歳計）では余りがある。黒字になっている。こういうふうに計を立てるのが人生大家のやり方である」ということですが、たいへん面白い言葉だと思います。

生計――漢方養生訓の合理性

さて、「五計」とは何であるか。

第一は「生計」ということであります。生計といいますと、今の人はたいてい暮らしのこと、経済問題と考えられるでありましょうが、この場合、学問的な意味における生計はそうではありません。文字通り生きるはかりごとであります。我々がどうして生きるか。肉体的・生理的にどう生きていくか。こうした考えが生計ということであり、言うなれば養生法といってもよいかと思います。

私が、たいへん面白いと思いますことは、近来西洋の医学・生理学といったものが長足の進歩をいたし、それに伴い、これまで東洋の養生の学問などは迷信的なものと考えられておった――この考えは特に日本人の間に多いのですが、それがこの二十年間にがらりと変わってしまい、逆に、その最も進歩した最近の西洋のそういう方面の学問が東洋古来の養生に関する学問に接近してきていることが分かります。これなど非常に面白いことではないかと思います。それで、今や東洋の養生の学＝生計の学の一つであります漢方医学、薬学、本草学といったものが西洋の学者連にとって新しい興味の対象になっております。

さて、話を前に戻しまして、我々はどういうふうに身体を、この生命を養っていくかという生計、すなわち文字通りの生計を今日の我々の生活に当てはめてみますと、恐ろしくなるほど間違ったことが多いのであります。

一つ切実な例を申しますと、近来西洋の科学・技術が発達した結果、人間世界から距離をなくしたとまでいわれております。世界中も短時間に回れるように、交通・通信が発達いたしました。この点は非常に良いのでありますが、そのためにとんでもない弊害も起こってきています。それは、世界中の飲みものといい、食べものといい、簡単に我々の身辺に集められるようになった副作用であります。我々もこれを文明と称し、みんな楽しんでまいったのですが、最近になって、これが案外危ないといったことが専門家あたりからも論ぜられるようになってきております。

ご存じのように、地球は寒帯・温帯・熱帯と大きく三つに分かれておりますが、そこでの存在物の内容にしても、それぞれ変化のあるのは当然のことといえましょう。たとえば熱帯のように外が強い陽性の場合には、そこの産物は中が陰性になっているといった具合です。ですから、熱帯のジャングルなんか焼き払いますと、その灰は三十％くらいカリ分を含んでおり、これなど非常に強い陰性です。また、北極の方へ参りますと、ここでは反対に陰性ですから、そこの産物は中が強い陽性になっております。その点、温帯は最も釣り合いが良い。バランスがとれている。

それでも、たとえば我々が食べている米など、南の方でできる肥後米と北の方の秋田米・庄内米とでは味が違う。肥後米の方はサラッとしているが、庄内米・秋田米は日本でいえば寒い方ですから味が重いですね。つまり脂肪分が多い。陽性になっています。ですから、夏は南の米を食べた方が体のためにはよい。これなどちょっとしたことですが、実は人間の体は複雑微妙な、陰陽の調和からできており、しかも、その調節機能が人体の大切な問題であることを示しておるといえましょう。それを珍しいからといって、熱帯の方のバナナとかパイナップルとかをむやみやたらに食べたりしますと、中が陰性ですから体が冷えてしまいます。特に子供など、ああいうものを食べすぎると、大腸カタルだの疫痢などになりやすい。

かつて、日本が満洲や蒙古にまで発展した時に、日本人は故郷を恋しがり、何でも郷土のものを食べたがったものです。もっとも、温帯という所は一番平和で多彩なものですから、非常に郷土愛が強く、すぐ神経衰弱になる傾向があるのですが……。そこでわざわざご飯などを炊いて食べたり、刺身を食べたがる。確かに口あたりはいいんですけれども、しばらくするとしんしんと冷えてまいります。大体が向こうは寒帯なのですから、むしろ陽性のものを取らなければならないのですから、温帯のものでは補えないことになります。それですから、腸を悪くしたり、肺病になったりする者がどんどん出るのです。このように、便利になるのは結構なんですが、いろいろなものが一時に集まってくると、それをムチャクチャに摂取するものですから、日本人の体内は引っかき回されて調和がとれなくなってくるのです。健康上、甚だ憂慮すべき問題だと思いますね。

そこへもってきて、この害をさらに促進させるものに冷蔵庫の普及というものがあります。大概の人は、冷蔵庫というものはどういうものであるか、どう利用すべきかという生理学的・栄養学的・化学的知識も持たず、ただ立派な冷蔵庫を欲しがる。また、それを使用することが文化とでもいうかのごとき浅薄な考え方で、何でも冷蔵庫へ放り込む。ところが、冷蔵庫を使う場合には、よほど慎重に注意して使用すべきであり、何でも冷蔵庫へ放り込んで、引っぱり出して食べるなんていうことは、人間の体内、特に胃腸、肝臓それに腎臓といったところをひどく傷める。中には腐りやすい食べものばかりでなく、冷蔵庫へ入れないですむものまで放り込んでるようです。よく、オン・ザ・ロックなんていって、ウイスキーやブランデーに氷を浮かせて飲んで、これが文化的であるかのような錯覚をしている人がいますね。あれなど実に危険なこと、愚かなことであります。早く死にたいようでしたら、盛んにこういうものに氷を入れて飲めば、胃潰瘍、胃癌、肝硬変などになって思い通りにいくのではないかと思います。ひとつ、こういう食生活を考えてみても、非常に矛盾、危険が文明生活の形のもとに蔓延しておるのであります。

そこで、今日にして、しみじみと昔の「生計」という言葉が、昔の言葉ではなくって、今日いよいよ必要なことがわかる。また、それでこそ、我々がいかに生きるか、どういうふうに毎日養生をするかということが非常に重大である所以《ゆえん》でもあります。ことに東京のような大都会に暮らしていますと、実に非合理的な生活が多い。夏は冷房、冬は暖房。これなど人間の体に備わっております自然の健康な機能、身体の調節機能というものをだんだん麻痺させてしまう。たいへん危ないことであります。

もともと、人体というものは、唯今申しました陰陽の両方で申しますと、どちらかといえば弱アルカリに保つのが一番いいのであります。酸化するほどよくない。ここで再び文字学になりますが、「酸」という字は「いたむ」と読み、これがいたみやぶれると「酸敗」となり、さらに心を酸化させますると「心酸」となり、心がいたむということを意味するようになります。どうやら、この文明生活、都市生活というものは、人間をやたら酸化させるようであります。

さて、そういう生計、すなわち我々がどうこの身体を保っていくかという生計について、その重要性を多少なりともご理解いただけたかと存じますので、今後は皆さんもこれについて大いに研究になられたらよいかと思います。また、そうすることによって、今まで何でもかんでも飲んでいた医薬も、それを用いないでも病が治り、健康も増進するといった具合に、計り知れない効用があります。これが第一の「生計」であります。(二〇七頁「〝気力〟を培う養生訓」参照)

身計――いかに自己を処するか

第二計は、身の計りごと、「身計」であります。これは今日の我々の社会生活に最も関係することになっております。すなわち、肉体生活に対する社会生活ですね。たとえば、我々が社会人として、職業人として、どういうふうに自分の身を処していくかといったような問題、これなども分析解明しますと、このこと自体、大部の書物にもなる重大問題であります。しかし、皆さん身計については相当にやっておられると存じますので、次の「家計」、家の計りごとについて述べたいと思います。

家計──人間教育の基本は家庭教育にあり

この「家計」とは、自分の家庭をいかに維持していくかということで、これも学問的にいえば、非常に複雑広範な問題であります。ただ、昨今、世界の学界・思想界に現れてくる重大問題を、この家計を通じて一端をお話し申し上げますと、まず教育・学問という問題があります。明治以来久しい間、特に日本人は、人間を仕立てる、子供を仕立てる、大成させるのには学校に入れることだと考えてきた。子供を偉くするのには学校へ入れなきゃならん。したがって教育というものの主体を学校へ置きました。ところが、この考え方は、もう今日の文明世界からは落第であります。教育は主として家庭にあるという結論に到達いたしております。あらゆる学問がそこへ結論を持っていっております。

さて、およそ人間は、四つの要素から成り立っているといってよかろうかと思います。すなわち、これを要約すれば二つの要素である本質的要素と付属的要素。本質的要素というのは、これをなくしてしまうと人間が人間でなくなるという要素で徳性といいます。道徳性ですね。具体的には、人を愛するとか、人を助けるとか、人に報いるとか、人に尽くすとか、あるいは真面目であるとか、素直であるとか、清潔であるとか、よく努力をする、注意をするといったような人間の本質であります。これが、人を愛さなくなったり、助けなくなったり、報いなくなったり、不正直になったり、あるいは不真面目になったり、怠惰になったりしたら、これは人間でなくなっている。人間の本質が欠けていることになります。

これに対して、つけたりとでも申しましょうか、大切なものではあるんですが、少々足りなくっても人間であることにたいして変わりないというものが付属的要素で、これはさらに大きく二つに分けられます。たとえば、知性・知能、あるいは技能、こうした知とか技とかいうものは、人間が文明・文化を発達させる過程でつくり上げたもので、したがって非常に大事なものであるには相違ないが、これが多少乏しくとも、足りなくとも、人間たることに差し支えないものです。むしろ、どうかすると、あまり頭がいいとか、腕が立つとかいう知能、技能に恵まれた人であっても、人間としてはあまり感心できないといった人もかなりおります。学校の秀才なんていうのは、あてにならんというのはこの点であります。点はよく取り、優等生であっても、友達の目から見てどうも面白くないという者はずいぶんあります。

今日の、ことに戦後の学校教育は非常に機械的になりまして、単なる知識や技術にばかり走り、例の○×式の試験方法なども人間の機械化を一そう促進いたしました。ですから、近来の学校卒業生には、頭がいいとか、才があるとかという人間はざらにおりますが、人間ができているというのはさっぱりいない。そのために、下っ端で使っている間はいいが、少し部下を持たせなくてはならないようになると、いろいろと障害が出るといった有様です。これは本質的要素を閑却して、付属的方面にばかり傾いた結果であります。

残りのもう一つの要素、これは徳性に伴う大事なもので、習慣というものです。別の面から申しますと、しつけというものです。この習慣というものは、第二の天性というくらい大事なことでありますが、これまた戦後の人たちは嫌がりまして、親たちも遠慮してこれをやらない。このように戦後の教育は、あるいは戦後の学問は、甚だ非人間的になってきているということができる。人間というものを教育するには、従来のような機械的・功利的なことではいけないので、もっと人間の本質、徳性を養う、いわば人格教育・道徳教育というものが根本にならなければならない。特にその点において、明治以来、日本は非常に過ちを犯しまして、人間教育をおろそかにした。知識教育や技術教育を主にしてきましたので、非人間的な知識人、非人間的技術者、人間のできてない知識人・技術者というものが続出した。これが日本をすさませ、堕落させた大いなる原因の一つとして、今日最も進歩した識者・学者たちの等しく肯定する問題になっております。これが一点。

第二点は、その人間教育ということにしても、日本人はとんだ間違いをしている。教育というものは、学校に預けさえすればいいと思っておったが、それがいけない。やっぱり人間教育ということからいうと、家庭教育が根本です。このことはあらゆる学問から帰納されるようになりました。たとえば、青少年の犯罪について、その学問研究の結論は、ハイティーン——十五、六歳から二十歳までの青少年の犯罪というものは、大体五、六歳頃、すなわち小学校へ入る前の家庭時代に、教育よろしきを得ればほとんど解決することができるということであります。このあいだ、日本の法務省が招聘いたしましたアメリカの児童犯罪学の大家が講演した中でも、またレポートの中にも、はっきりそれを書いております。これは理論ではなく、実証的研究、いろいろ研究統計の結論として出ておるのでありま す。だから子供を養うには、立派にするには、学校に入れることだという考えがよくないのであって、この点もう一度家庭教育というものを考え直さねばなりません。

そうすると、この家庭のあり方ということが大きな問題になってまいります。戦後日本の傾向は、次第に家庭を破壊する方向に行っておりましたので、この辺りでもういっぺん家庭の本義を復活しなければなりません。こうした問題が「家計」の重大点であります。

もう一つ大事な問題があります。従来、家庭教育ということになると、母親の責任ということになっており、父親の方はどちらかというと肩の荷が軽かったのが普通です。昔から、立派な母親に育った子供は偉い、偉人の母はみんな立派です。だから子供の教育の責任、家庭教育の責任は母にあると、親父たちは平気で思っており、いっこう自ら責任を取ろうとしない。それればかりか、多分に怠慢の遁辞にしておりました。子供は母だ、母の愛だ、母親によって子供はどうでもなるんだ。伜があんなことになったのはお前の責任だ。親父どもは、伜がうまくないときには、責任をみんな女房に着せて、それで通っておりました。ところが、最近の教育学、倫理学、心理学、社会学等々、あらゆる方面からの結論では、家庭教育の問題はむしろ父親の方にあるといっております。どうも皆さん方、男の方にとっては、少々痛い結論が出ておるのではないかと思います。

こういった話をしておりますと、きりのないことでありますので、まあ、この辺りで差し控えておきます。ただ、一言結論を申しますと、もう一つ別なことになるのです。それは、「子供を育てるのには何が必要だといって、愛の徳ほど大事なものはない」と、「愛」ばかりが強調されておった。ところが最近の学問、研究の結論は、愛だけでは育たないということになりました。動物ならばそれでよい。動物でもそれだけではいけないのですけれど、まだよい。しかし、人間は断乎として明白です。愛だけでは駄目であります。人間の人間たる所以は、愛と同時に「敬」というものにある。愛敬、敬愛、特に敬という心によって、初めて進歩向上をするのであります。愛だけでは甘やかされる。だらしがなくなるのです。

およそ学問の連関というものは実に面白いものでして、毎日我々がものを食べて知っている味、この味の研究も、とみに進歩してまいりました。味からいいますと、甘いという味は低級だ——低級といっては悪いですけれども、通俗な味であります。どんな子供でも、甘いという味はわかるのです。野蛮人ですら甘いというものを好くのです。ところが、酸っぱいという味になると、子供は大体好みません。それから人種的にいいますと、一般に低開発国人というものも酸っぱい方は好まない。いわんや、苦いという味になるとさらに高級な味覚でありまして、大人になって、人間ができてこないと味わえない味であります。これまた、野蛮人、低開発国人種には有難がられない。愛は味覚でいうと甘い部類に入る。ですから、愛することを甘やかすともいいます。

皆さんはお茶をお好きかと思いますが、これも中国から伝来してきています。煎茶の作法は、最もよくお茶を味わえるようになっている。あのお茶は、特に良い茶の芽を摘んでつくる。また、栽培にしても、まず第一に塵、埃はいけない。塵埃のかからない所、そうして、なるべく川辺。遠からざる所に河川があって、朝霧がかかる。その霧が晴れる頃から清浄な日光が照らす。こうして栽培されてこそ良い茶ができるのです。また、飲む場合も、普通三煎して飲み味わうものです。第一煎では、茶の中に含まれている糖分、茶の甘みを味わう。第二煎で渋みを味わう。この渋いという味は一段と高級な味覚です。人間も少しできてくると渋くなる。金にけちだというシブイのとは意味が違います。味が渋い。

そして、最後の三煎ではカフェインの苦味を味わうのです。この苦味というものは、内臓の生理に及ぼす影響がまた非常に複雑であります。心臓を強くしたり、ホルモンを効かせたり、解毒があるとか、いろいろの作用がある。これがカフェインの苦味であります。

この順序を誤って、むやみやたらに沸騰させた湯などをザーッと通しますと、せっかくの芽茶（新芽のいい芽を取ってつくった茶）も、一ぺんに段階を無視した苦い茶になる。これを芽茶苦茶といいますね。もっとも、茶を無にするという意味では、滅茶苦茶といってもよいわけです。

渋い、苦いとか、良薬口に苦しとか、苦言と言ったように、こういうことは人間の成長に大事なことであります。こういう味を出すのは、あるいは、こうした味を要求するのは、いつに人間の愛よりも、敬という本能に根ざすのです。子供はみんな愛の本能と、敬の本能とを持っている。両親でいいますと、子供は、母に対しては愛を求め、父に対しては本能的に敬を感ずるのです。

そこで、父たるものは、言わず語らずして、子供の敬の対象にならなければなりません。そうすると、別に叱ったり、叩いたりしなくとも、自ずからなる感化がある。子供の本能的直覚によって、真っすぐに伸びるのです。その時に、母親の愛というのが良き滋養になります。ところが、その父の意義がすっかり無視されて、父自らが家庭というものを安息所だと思って、最も父として禁物のことばかりさらけ出し、子供に接することが、最近のわが国の知識階級の家庭の通弊になっておるようです。特に終戦後これが目立ちます。それは、あの戦争で、大人が、父や兄がすっかり自信をなくしてしまい、それがまた、いかに家庭の中もだらしなくなってしまったかということにつながり、どんなにか子供や幼い弟たちを毒しているかわからないのであります。この問題は家計についての現代の当面しておる重大な点であります。

老計――人生の佳境を味わうための計りごと

第四は「老計」といいます。老ゆる計りごと。人間はいかに年とるかということであります。「ほっといたって年をとる」というのは馬鹿の言うことでして、そういうのは無意味です。人間はだてに年をとるのではありません。老年はそれだけ値打ちのあるものでなければなりません。この老ゆる計りごと――いかに年をとるかということは、実に味のあることであるのですが、どうしたことか年をとることを悔しがる思想が昔から多い。ところが、「老計」からいいますと、年をとることは楽しい、意義のあることです。

伊藤仁斎《じんさい》先生は「老去佳境に入る」――年をとって佳境に入る、という詩を作っております。これが本当であります。人生の妙味、仕事の妙味、学問の妙味、こういうものは年をとるほどわかるのであります。何といいましても若い時は、それこそ未熟です。この未熟ということは、それだけ味がない、まずい。本当の味というものは、先ほどの話ではありませんが、それこそ甘いことくらいしか分からない。渋み、苦味という味は、お茶でも三煎しなければ出てまいりません。人間にしても、やはり五十を過ぎないと出てまいりません。

老計学の有名な言葉として、『論語』の中の一節を引用いたしますと、昔、衛《えい》という国の偉い人に蘧伯玉《きょはくぎょく》という人がおった。孔子はこの人を礼讃し、「彼は偉い。行年《こうねん》五十にして、四十九年の非を知る」――五十になって、それまでの四十九年が間違っておった。駄目だったということを、しみじみ悟った人であると言っております。これを「知非」と申します。皮肉に言いますと、人間は五十になる頃、――この頃は少し寿命が延びましたので、十年くらい違っているかもしれませんが、――昔ならば確かに五十になりますと、馬鹿は馬鹿なりに、賢は賢なりに、自分というものを分かってくるのです。最も通俗に申しますと、五十という声がかかると、人間は野心というものに見切りをつける。俺もここまでやってきたが、いよいよもう定年も近づいた。自分も大体来るところに来た。もうなんぼ焦ってもいかん、これからひとつ倅を立派にしようというふうに考える。これは一番通俗な知命であります。同時に知非です。

諦めには、内容のないような諦めと、非常に高度な諦めがあります。高度な諦めを悟りと申します。それに対して、内容のないのは、俗に言うあきらめであります。内容のいかんにかかわらず一つの諦めに達した場合、命を知る——運命には知命、立命いろいろありますが、その命を知るということになります。

ところが、また、老荘系の『淮南子《えなんじ》』という本を見ますと、「行年五十にして四十九年の非を知り、六十にして六十化す」とあります。これは、六十になっても、六十になっただけ変化するという意味です。すなわち、人間は生きてる限り、年をとればとるほど良く変わっていかなければならないということです。悪固《がた》まりに固まってしまっては駄目です。動脈硬化だけでない。大脳硬化、精神硬化、何でも硬化する。硬化したのでは、本当の老ではないのです。「老」という文字は老いるという文字であると同時に、なれる、練れるという意味があります。お酒でも、中国では紹興酒の良い酒を「老酒」といいます。日本人の場合は生《き》一本といいます。生一本というのはナマ。

我々は酒を飲んで、よく「キューッとくる」とかいって、刺激を愛する。したがって、味の反応に鋭敏である。ところが、老酒という酒は、生一本と違って、飲んでも日本酒のようにキューッとこない。トロッとしておりまして、飲むほどに陶然と酔ってくる。しばらく杯を置いておると、それがほのぼのとさめてくるというような具合で、中国では「王道蕩々」などと言います。わが国は「稜々」。ですから、私はよく中国文化を一語にして表せば「蕩々文化」であり、日本の場合には「稜々文化」だと申します。これだけ民族の特徴に相異があるので、年をとるということもまた、蕩々になることであります。嚙みしめて味わいが出る。物事にあまり刺激的にならないということ。これが老境の特徴であります。年をとるということは、あらゆる意味において、若い時には分からなかった、味わえなかったような佳境に入って行く――これが本当の「老計」というものであります。

死計――生死を超越した死に方、生き方

いよいよ最後になりましたが、第五計、それは「死計」であります。これは死ぬ計りごと、すなわち、いかに死ぬべきかという計りごとであります。刀折れ矢尽きて死んでしまうというのが、最も情けない死に方であります。もっと立派な死に方を考えなければならない。

さて、死計といいますものは、第一計の生計と同じで、「死計」即「生計」であります。ただ、初めの生計は、もっぱら生理的な生計であり、一方、老計を通ってきた死計というものは、もっと精神的な、もっと霊的な生き方です。つまり不朽不滅に生きる、永遠に生きる計りごとであり、いわゆる生とか死とかいうものを超越した死に方、生き方です。これ

が本当の死計であります。深遠な問題です。

時間も限りがありますので、この辺で結論的なお話をいたしますと、要するに人生には、生計、身計、家計、老計、死計とあり、これが順ぐりに回り、また元の生計に戻る。このようにして無限に人生、人間というものが発展していく。これ、すなわち「人生の五計」であります。

この五計が、少し心ある人々によって広く真面目に行なわれるようになりましたら、この時局も本当に良くなる。それを肝腎な人間をおるすにして、この世の中をどうしろと言ってみても、漫談に終わるだけで何にもならない。この頃つくづく私、そう考えるのであります。まあ、やむをえず、従来の行きがかりやら責任やらで、私も、この世界の難局に、特に日本は非常に複雑な、危険な様相の中にありますので、いろいろなエキスパートを介しまして、協議会・研究会をつくったり、またそれに引っぱり出されたりしております。できるだけ微力を尽くしてはおりますものの、常に心中深く思いますことは、こんなことは枝葉末節ではないかということです。藪医者の仕事のようなものです。本当は病根にメスを入れなければならない。

その病根とは何であるかと申しますと、世界の学者が結論として出しておりますように、やはりあらゆる国々に立派な人物を出すこと。そして、それらの人々を指導的地位に正しく配置し、世界の問題、各国の問題が協議されるべきであります。そういうふうにならなければ、永遠に、根本的解決ということはありえません。急がば回れで、やはり人生の五計ということが実際の根本であるということをつくづく感ずるのであります。

たいへん重大かつ深遠な問題を、まことにあっさり片づけてしまいましたが、これで私の話を終わらせていただきます。

見識と胆識

骨力は創造力

　政治にしましても事業にしましても、大体、やはり初代、創業の人は、総じて知識とか技術とかの形式的・機械的なことはしばらくおいて、顕著なことは、こういう人々は、概して精神気魄が旺盛であります。これを専門用語で、「骨力」といいます。

　日本では、骨力を骨節（ほねっぷし）といいます。骨は医学の発達した今日、医学的にも生理的にも重要な働きが知られており、骨は血液をつくり、中和を営み、非常に大切な作用を営むもので、外形上のような簡単なものではない。だから骨が悪いと健康は問題にならない。

　骨に気を載せると「気骨《きこつ》」。気骨がない人は、どうにもならない。気骨のない人間というのは、平和で機械的なことをやらすことはできますが、一朝事が起きて、誰か責任をもってやらなければならない非常時には、だらしなく役に立たないものです。骨力とか気骨は人間の根本的要素で、人格の第一次的要素であります。

「骨力というのは、人体の創造力」ですから、人格としても、クリエイティブパワーで、そこで元気を骨力といいます。そこで骨力からは、いろいろのものが生まれてくるわけです。まず生まれるのが理想です。昔であれば「志」という。志に気骨の気をつけると「志気」。志気旺盛である。気力、志気とはすなわち熱烈な理想をもって事に当たるというものであります。それが単に一時的なものでは駄目で、いつも変わらないものでなくてはならない。それを、「志操」という。一貫性、永久性、そして、これがいろいろな問題にぶつかり、その時折れたり挫けたりしてはならない。つまり、締めくくりがなければならない。それが「志節」。人間というものはまず根本的にこれがなくてはならない。

人間は、常に志を持ち、理想を持ち、それはつねに生活を創造していく。それには一貫性をもって、いかなる障害があっても乱れない締めくくりを持つことが大切であります。志気とか志操・志節というものは、これが人間の一番本質なのであります。

見識と胆識

人間が利口とか、おとなしいというようなことは枝葉末節であって、花がきれいとか、枝ぶりがよいということです。要は、根や幹が人間としてできているかどうかなのかであります。

人間は、いろんな経験から知識ができてくる。その単なる知識ならば大脳の末梢的なもので、本当は、全人格的な人間そのものを打ち出すことにならなければいけない。これを「識見」とか「見識」というのであります。知識があるのは結構ですが、それだけではつまらない。いくら知識があっても見識のない人がありますね。

見識というのは、その人の人間内容が物をいうので、事に当たって、これこそが本当である、こうあるべきだ、なすべきだと「活断」が立つものであります。

知識は貧弱でもいいが、見識をしっかり立てねばならない。近来、学校の学問では、いろんな知識は教えてくれますが、見識を養う教師が少ない。これが実際問題にぶつかって、いろいろな矛盾や抵抗に鍛えられ、きびきびした実行力になりますと、「胆識」であります。

いろんな抵抗や矛盾を排除していく上で、胆嚢という臓器は、近代医学でも大切にされておりますが、「胆識」「胆力」に大きな関係があります。

志気旺盛で、しかも節操がある。そこから出てくるものは、薄っぺらな知識ではなくて、しっかりした見識、胆識であります。

こういうことによって人間のダイナミックな性格が、いろいろ練られて、そしてだんだんと人間の「器《うつわ》」、あるいは「量《はかり》」ができてくる。いわゆる器量ができてくるわけであります。「大石内蔵助は器量人だ」とか、明治の人は「あいつは、頭がいいけど器量が駄目だ」という。

大体、大学の秀才などは、人間の修養などしていませんから、知識は持っているが、人間そのものができておらん。これを「雑識」といって見識にはならない。修養をして器量ができてくると、知識も見識となってくる。そういう器量人になりますと、だんだんその人独得の存在が意義づけられてくるわけであります。その人間の存在性・特殊性ができてくる。その内容が器量であります。そして活きた判断、活きた行動、活きた責任、活きた人生観、活きた政治観、活きた事業観となり、いろいろ人生百般の問題に、活眼を開いて応用が効くようになります。それが「器量人」であります。

小人と大人

これらに関連して、人間の本質を「徳」と申します。徳に対するものに才能や技能がある。人間の根幹は徳性であって、才知は枝葉である。

東洋の哲学の中では、徳が才より大なるを「大人《たいじん》」、「君子」型といい、才が徳より勝っている方を、「小人《しょうじん》」型という。西郷隆盛が大人型で、勝海舟は小人型です。もちろん、大人型にも小人型にも、〝ぴん〟から〝きり〟までいろいろです。小〝大人〟は、大〝小人〟にかないません。

「徳」は人を包容し、育成する力です。才徳円満というのは全人です。これは聖人・哲人である。人間そのものでなく、学歴とか、知識とかいわば手段的・方便的な形で人間を用いてきたのが現代社会であります。こういう世の中では、機械的、単なる知識的・理論的な手段が通って人間の根本精神が忘れられている。いわゆる根本精神から出てくる識見とか器量、そして信念、その人の徳望というものが大切であります。

時勢は、こういう変化が起こってきておる転換期にさしかかっており、これをどういうふうに善処して、いかに日本を発展させるかは、優れた人物、優れた器量を持った人材の出現に待つほかありません。

人間学・人生学の書

「学問したい」と考えぬ者はないでしょう。しかるに、その多くの人々は、学問することは学校に入るか、学校でやっているのと同じことをせねば学問でないように考えています。大きに間違いです。学問にも修業の学問と学校の学問とあります。学校の学問は、今日のような方法では一向修養の役には立ちません。

人間学・人生学としての立場から和漢の学問を分類しますと、たとえば四部の学というものがあります。それは経・史・子・集という四部の書に基づいています。

「経」というのは、あらゆる人々に普遍的に、老いも若きも、富めるも貧しきも、順境逆境にも、いかなる場合にもこれから離れることのできない、人生に最も原理的な指導力のある書をいうのです。

それに次いで、人生に独得の観察と感化力とを持つ秀でた一家の言を「子」といいます。「子」になってくると、誤用すれば中毒を起こすような副作用もありますから、用い方が大切です。「経」にはこの副作用が少ない。

第三に「史」というものは、我々がいかに生くべきかの原理「経」を根本として、我らいかに生き来ったかという生活の記録であり、畢竟いかに生き来ったかということのうちよりいかに生くべきかの理法を明らかにするものであります。ですから、結局、経というものは原理で、史というものはその実証であります。そこで経を読む者は必ず史を読まなければならない。史を読む者は経に照らさなければならない。これを人間自体でいうと、経は性命のようなもので、史は体験のようなものであります。それ故、経は史だという説もあります。

これに対して「集」というのは、我らいかに生くべきかという原理、我らいかに生き来ったかという体験、その思索や情操が、ある人格を通じて把握表現されたものであります。したがって、それには作家の詩歌・文章が含まれております。経を尋ね、史を探ねた者が、人格を通じてその所得を詩歌文章に顕わしております。そういうものを「集」という。

そうして観ると、我々はどういうふうに学問したらよいかというと、三つのやり方が考えられる。すなわち原理をたずねる「経」(子)学、生の尊い記録である「史学」と、自分に共鳴できる優れた一個の人格を通じて成された「集」(子)の学、私淑する人物の研究です。この三つの方面から方針を立てて勉強していくのも善い道です。

そこで自然、どうしても古今の書を読まなければならないことになります。ことに歴史的所産である古典に、より多く親しむことが必要であります。ところが、そうなってくると、欲をいえば限りがないもので、いかに天下人材稀なりといえども英雄・偉人はさすがに多い。が、とりあえず気のつくに任せて皆さんに読まれてよいと思う書をお勧めすると、国典では是非御歴代の詔勅、それから『古事記』『日本書紀』『古典拾遺』等は味読せねばなりません。

日本人の親しんだ漢籍では、『小学』『孝経』から手をつけるのがよろしい。その次に四書を読む。『大学』『中庸』『論語』『孟子』。それから『孟子』に対して『荀子』。『論語』と併せて『孔子家語』を読むもよろしい。五経の中では『礼記』。五経は皆読みたいが、ことに『礼記』をお読みなさい。それから『左伝』『書経』『詩経』『易経』。これは根気よく読み味わうことです。解っても解らなくとも、何回も読むうちには自然に解ってくる。その後で『老子』『荘子』を参考するもよろしい。

近代のものでは、日本に普及した『近思録』『伝習録』。『唐宋八家文』『菜根譚』『古文真宝』なども面白いでしょう。

仏書では、『四十二章経』を読んでご覧なさい。これはシナ仏教の『論語』や『老子』にも比すべきものです。『法華経』『勝鬘《しょうまん》経』『維摩《ゆいま》経』、これらは日本仏教の根本経典であります。

歴史の方に移って、一通り日本史、東洋史は大体心得ておく必要があります。どうも鎌倉時代が先だか、室町時代の方が後だか分からないようでは困ります。漢と唐との前後も忘れた識者も少なくありません。『史記』も必読すべきこと欧洲の『プルターク英雄伝』におけるがごときものです。『十八史略』もよろしい。私は『十八史略』のような日本史略を読みたいと思っております。それから、長いものだが『資治通鑑』を暇をこしらえて是非読んでもらいたい。これは世界的名著といってよいでしょう。それから『太平記』『平家物語』『神皇正統記』など。

寒山詩　古文真宝　万葉集　机に置きぬ　読まずともよし（寒川鼠骨）

という面白い歌もあります。子供のためにもやはり『日本外史』『日本政記』『中朝事実』などよろしい。

外国のもので、バイブルはやはり通覧すべきものです。エマーソン、カーライル、ゲーテ、モンテーニュ、アミエル、ヒルティーなどは親しみたいものです。なかんずく『プルターク英雄伝』とセネカは必読書でしょう。

「集」に入っては、また限りがありませんが、少なくとも国学諸大家のもの、藤原惺窩・山鹿素行・中江藤樹・熊沢蕃山・佐藤一斎・広瀬淡窓《たんそう》・三浦梅園・山田方谷のものなど手にも入りやすく、世にも知られて、是非ご覧になっておくべきです。それから二宮尊徳、なお、この二宮尊徳と併せて皆さんにお勧めしたいのは、千葉の大原幽学という人です。この人はことに農士道――郷学の立場から深く注意すべきです。尊徳は豪傑型農士だが、幽学は哲人型の郷長老です。尊徳は権力的背景があり、世の中に知られておりますが、幽学は知られておりません。不遇と悲劇に終わったが、藤樹・尊徳・幽学の三人は、郷学三先生というべきでしょう。

本屋など覗いて、こういうものがあったら飯を抜きにしても求めることです。この頃の書生はどうも貧嚢を倒さにして書を買わない。たいていはハイキングとかカフェーとかの費用の残りでないと本を買わぬ。そんな心がけでは駄目です。

それから明治維新の哲人・英雄の遺著は是非読みたいものであります。中でも吉田松陰・西郷南洲・佐久間象山・横井小楠・藤田東湖・橋本景岳（左内）・真木和泉――こういうような維新の求道的志士の遺著などはできるだけ集めて読むとよろしい。いい加減な学者のものよりよろしい。まだまだいくらでもあるが、縁に従ってやるべきであります。

運命を創る

運命を創る——若朽老朽を防ぐ道

酒の飲み方で人を見る——三菱流人物鑑定法

私は三菱とは昔から妙な因縁があります。私の近親の雄吉という者が明治の初期議会に二回ほど議席に着いておったのでありますが、同郷の関係で三菱の初代の方々と親しくしておりまして、岩崎家の家憲起草の相談などを受けて参画したそうであります。そのお礼に何をしようかということになったのでありますが、これが型破りの豪傑肌の人物で、酒が好きであったから、酒が切れぬようにしてくれという返事をしたそうであります。そのために毎月菰被りが一樽ずつ岩崎家から贈られておりました。私は当時一高におりまして、彼は保証人でありましたから、時に報告と称してその樽を目がけて遊びにまいりまして、酒の修業をいたしました。

そんな妙な因縁で代々三菱の首脳の方々とご懇意をいただいてまいりましたが、その長老の一人の江口定條さんであったか串田万蔵さんであったかのお話ですが、もはやこの頃はそういうこともなくなったでありましょうが、昔は三菱で出世をするのに一つの難関があった。これは酒の試練に及第をすることです。

岩崎さんはよく社員を招かれたが、その席で必ず酒が出る。その酒の飲めない者は、よほど偉物でないと大体出世ができないそうであります。ところが大いに酒が飲めても、醜態を演ずると、またただちに落第だそうであります。酒を強いられて十分飲めねば駄目だし、飲んで酔ったら最後だし、「酒は量なし、乱に及ばず」と『論語』にあるが、酒はいくら飲んでも少しも乱れぬということにならなければならぬ。それが実につらかったということであります。それは非常に意味があったろうと思います。人間にとって一番の誘惑は、やはり酒色である。しかし、そのきっかけはやはり酒である。たいていの人が酒でしくじる。したがって、いくら酒を飲んでも正気を失わぬ、酒では乱れぬということを見ることは、確かに人間を吟味するのに非常に機微をうがった面白い試験方法であります。

私は高等学校の学生時分に、その親戚の豪傑からこの点大いに仕込まれて、学生時分に及第をしたわけでありますが、三菱の印象きわめて深刻なものがあるのであります。

これは余談でありますが、そういうことで親戚知友から人間的訓練を受けたばかりでなく、私は社会的にもある幸せな体験をすることができたと思っております。それは二度の世界大戦を経験したということであります。

第一回の大戦の時は、ちょうど私が高等学校から大学へ入る時でありました。もちろんあまりに若すぎて何にも分かりませんでしたが、第一次世界大戦後の非常な社会的混乱、窮迫を、大学生および大学卒後のきわめて感じやすい、つまり諸君と同じ年配で経験をして非常に感じさせられました。その経験が私の一生の道程を決定したのでありますが、その後わずか四半世紀にして第二次世界大戦が勃発いたしました。

今度は第一次世界大戦の時と違って、私もちょうど中年の働き盛りになっておりましたから、いろいろの意味において今度の大戦争には時局に内面的に深く関係いたしました。そうして時事の枢機と申しますか、機微というものを身をもって体験いたしました。しかも戦後、第一次大戦後の社会的混乱、窮迫にまさる大変化、未曽有の窮困のただ中に追放になりまして、落ち着いて時代を観察し研究する余裕を与えられ、戦時中の長い過激な生活から救われて、第一次世界大戦後の若かりし頃の体験を反芻することができたのであります。これは非常に私の活きた学問になりました。

そういう二度の体験とその間の研究とから、私は単なる抽象的な知識ではなく、諸君にこの人生、我々の運命を語る多少の資格なきにしもあらずという信念を持っているのであります。

「運命」は「動いてやまざるもの」

そこで私がいつも考えることですが、我々人間というものは、いくら頭がいい、腕があるといっても、それは実に非力なものでありまして、決して自慢にもうぬぼれにもなるものではない。人生には我々個人の浅薄な思想や才力の及ばない大きな生命の流れ、大きな力の動きがありまして、それに我々がどう棹さすか、いかにそれに参与するかということによって、我々の実質的価値や成敗が決まるのです。そこに我々の限りなく尊い反省、思索、修養がある。若いうちほど決して漫然と時間を空費することなく、また、どんなつらい経験でもこれを回避するものではなくして、どこまでも身をもってあらゆる経験を尊く学び取らなければならぬということを、しみじみと感ずるのであります。そういう意味においてよく言うことでありますが、我々は厳粛な運命的存在である。ただ運命というと、ここに非常な誤解や錯覚があります。

皆さんは東洋民族のあらゆる教学に最も普遍的根底的な思想学問の一つとして「易」というものがあることをご承知であろうと思います。ところが、儒教をやっても、老荘をやっても、神道をやっても、何をやっても一応これにぶつかるところの「易」の思想学問が、これがまた非常に俗に解釈され、曲解され、浅薄に取り扱われて弊害を流している。しかし易はそういうものではありません。

あの「易」という一つの文字がすべてを尽くしているのでありますが、易は「かわる」という文字であります。万物は限りのない創造であり変化である。創造そのものがすでに一つの変化であります。だから、もっと突き詰めて言うならば、一つの「化」である。「化」は換言すれば「易」である。そこで、この「化」とか「易」とかいうのは東洋哲学の最も深い根本概念の一つになっている。易は、その万物の創造変化に即して、そこに不変の法則を発見して、それによって造化の一部分である人間がその造化に参画して、これをどこまで造化していくことができるか、創造変化させることができるかという実践の学問、変革の学問であります。

その学問を西洋では科学に発達させたわけであります。それを東洋民族はもっぱら倫理、政治の上に造詣を深めたのであります。だから西洋の優れた学者は、この東洋の易学をカルチュラル・ソーシアル・ダイナミックスと翻訳している。この学問を新しく社会科学に応用して成功を博した一人に、有名なイギリスのアーノルド・トインビーという人がありまます。この人は戦後有名な『歴史の研究』という大著を出して、世界の識者に大なるセンセーションを起こしたことはお聞き及びであろうかと思う。これは全く彼が歴史観の根底としてイン・アンド・ヤン・セオリー、すなわち「陰陽の原理」を活用したことによる。

この陰陽の原理というのは易学であります。

この易は、今申した通り、限りなき創造変化であるところの宇宙・人生に即して、その造化の法則を探って、自己、人生、社会というものをどこまでも創造変化させていこうというものであります。この万物が無限の創造であり変化であるということは、どうにもならない、いわゆる「絶対の働き」である。そういう絶対的な働きのことを東洋哲学では「命《めい》」という。生命は命の一つであります。大いなる宇宙の作用はすなわち「天命」である。我々の肉体はその一部であるところの生命である。我々には意識、精神というものがあるから、生命に立心偏《りっしんべん》をつけると「性命」という言葉になる。

この「命」というのは「絶対的作用」という意味を持っているのであります。したがって、たとえば行き当たりばったりの本能的・衝動的な生活をしないで、厳たる道徳の法則を自覚し体得して生活するような人は、これは命の人である。そこで日本の古代思想では命《みこと》という。つまり、我々の人格的存在者という意味の言葉にこの命という字を当てはめる。そういう人は人間としては尊いから、日本武尊《やまとたけるのみこと》というように「尊」の字を当てて、またミコトと読む。

よく命名ということを言いますが、太郎と命名したとか三郎と命名したというのは使い方を誤ったものであります。最初に生まれたから太郎、二番目に生まれたから次郎というのは便宜的な名づけ方でありまして、そういうのは付名とは言えるけれども、命名とは言えない。命名という以上は、もっとそこに絶対的な意味がなければならぬ。この子供にはこの名が一番いい、この名以外にはほかにつけようがない。この名の通りの人間になればいいのである、という確信をもってつける名前で初めて命名であります。したがって、名前は滅多につけるべきものではありません。その子の生涯に哲学を与える意味において慎重に名前をつけるのが本当であります。それでこそ命名であります。

我々の存在、我々の人生というものは一つの命である。その命は、宇宙の本質たる限りなき創造変化、すなわち動いてやまざるものであるがゆえに「運命」というのであります。「運」というのは「動く」という字であり、ダイナミックを意味します。ところが普通は、「運命」ということをそう正しく学問的に解釈しないで、きわめて通俗的にこれを誤解して、運命を我々の決まりきった人生の予定コースと解している。何年になったら病気をする、何年何月何日には火事に遭う、来年の正月には親が亡くなる、あなたは四月になったら転任するだろう、というようなことを運命だと思っているが、そういうものは運命ではなくて「宿命」である。宿はヤドであるから泊まる、すなわち固定的・機械的な意味を持つ。運命は運命であって、どこまでもダイナミックなものであって、決して宿命ではない、またメカニカルなものではない。

ところが、この命というものについては、人間に知性・理性というものが与えられているから、この人間に与えられている知性・理性、経験・体験によって幸いにこれを研究し操作することができる。すなわち人間に与えられたこの能力によって、人間という一つの命が命自身に返る。そこに思索、反省というものがある。そうしてみると、命というものの中に複雑きわまりない因果の関係があることがわかります。

我々の命という大いなる創造変化の働きの中にある複雑きわまりない因果の関係を漢民族の学問では「数《すう》」という。数《かず》は数《すう》の一つにすぎない。よく皆さんが「数奇《すうき》な運命にもてあそばれる」とか何とか言いますが、これはそういう意味があることが分かって初めて確実にご理解ができるでしょう。その人が普通の常識的な因果的考え方では判断のできないような因果の関係に翻弄されることを、特にむしろ悪い意味においてそうなることを数奇という。

立派な貴族や富豪の家に生まれて、どんな幸福な結婚をして好生涯を送るかと思われた娘が、たまたまその家の抱えの運転手と恋仲になって、そのために出奔して淪落し、カフェーの女給になって毒を飲んで自殺したというようなことがよく世の中にはある。こういう因果の関係というものは、ちょっと常識では分からない発展の仕方であるが、こういうことを数奇の運命という。

だから命というものは絶対的な働きであるけれども、その中には複雑きわまりない因果関係がある。その因果律を探って、それによってその因果の関係を動かして新しく運命を創造変化させていく、これが「道」というものであります。あるいは、命という字を使えばそれを「立命」という。この複雑な数《すう》を知ることは「知命」であります。命を知って、これによって我々が自分というものをリクリエートしていくのが立命であります。

だから、我々の運命というものは、本質的に見ればこれは絶対であり、これを主体的に考察すれば自由である。客観的には絶対であり、主体的には自由である。

物質の命というものが、いかなる本質や能力を持っているものであって、それはどういう関係に成り立っているものであるか、それを知ってその物を変化させていく、これが科学であります。

我々がどういう素質・才能を持っていて、それがどういう関係でどうなっていくという法則を探って、これを操縦して、我々が、我々の人格、我々の生活、我々の社会を創造していくものを、哲学と言ってもいい。東洋で言えば道学と言う。

だからこの易学から言うならば、科学は物質に関する易学であります。

哲学とか道学とかいうものは、人間に関する易学であります。

ところが、この物の科学さえ容易でない。いわんや人間においてをやである。人間に関する命数の学問、近代の言葉で申しますと「人間学」というものは、さらにまたむずかしいものである。それと同時に、また非常に興味の深いものである。

したがって、私どもに一番大切なことは、我々がいかに無力であるように見えても、自然の一物でさえも実に神秘な素質・能力を持ち、これを科学にかけると限りなき応用があるように、いわんや人間にはどんな素質があり才能があって、我々の学問・修養のいかんによっては、どんなに自己を変化させ、どんなに世の中の役に立ち、世界をも易《か》えることのできるものであるということを確信して、決して自分の生活というものを軽々しくしないことであります。

『陰騭録』——袁了凡の教え

幕末から明治時代にかけて日本人の間に非常に普及した書物に『陰騭録《いんしつろく》』というものがある。これは西洋でも特殊な倫理学者・哲学者の中に〝偉大な人生のダイナミックな学問〟として非常な注意を惹いています。明治時代において、特にこれによって人に知られ人に感化を与えた人に川合清丸がある。この人は『陰騭録』の思想を民衆教化に応用いたしまして、近代その教育を受けた有名な一人は、亡くなった林銑十郎大将、林内閣の総理であったあの人であります。広く遡っては、九州の名高い広瀬淡窓《たんそう》、あるいは中江藤樹がある。こういう人は皆立派な学者であり、実践家であります。

『陰騭録』というとむずかしいが、世間では「袁了凡《えんりょうぼん》の教え」としてさらによく知られております。騭とは「定める」という意味の文字であります。冥々の間に定められているところのもの、すなわち大いなる天命の働きをいうのであります。

これは『書経』の中にある言葉であるが、この思想を自分の独特の思想と体験とから民衆教化に応用して非常な業績を上げたのが袁了凡という人でありまして、了凡は後でつけたもので、その前は学海といいました。これは豊臣秀吉の朝鮮出兵の時に明の李如松について戦線に従軍した一人であります。

この人は幼いときに早く父に別れて母の手一つで育てられた。シナの知識階級は、日本で言うなら昔の高等官の試験みたいなものですが、すなわち科挙《かきょ》を受けて進士《しんし》になるのが本道であります。一家一族から一人の進士を出すために全家族、全親族が総がかりになるくらい、これがシナの知識階級のあこがれの道であった。袁少年も、もとより科挙を受けて進士になりたかったが、家貧しくして勉強の余裕がない。早くものになってお母さんを養わなければならぬ。そこで母の言いつけで、一番手っ取り早くものになるのは医者であるというので、医者の勉強をしていた。

ところが、あるとき孔某という老人に会った。この人は人格・風貌共に子供心にも立派に映ったが、この老人が袁少年をつくづくと見て「お前は何の勉強をしているか」と言う。「私はこういうわけで医者の勉強をしている」と答えると、「それは惜しい。お前は進士として立派な成功する人相を持っている。そういう運命の持ち主である。お前は何歳の時には予備試験に何番で及第し、第二次試験には何番で及第して、最後には何番で及第する、そうして進士になって何年何月に死ぬ、子はない」ということまで予言をした。

人間はそういうことが非常に面白いもので、我々は、すべて未知の世界を探究しようというあこがれを持っているものですが、あらゆる未知の世界の中で一番魅力のあるものは何かと言えば自己です。自分を知るということが一番魅力的なものです。だから、なんとかかんとか言っても、つまらない易者や予言者みたいなものが自分のことを言うと動かされる。諸君らでも、やがて少し偉くなって複雑な問題にぶつかると、平生のうぬぼれがあまりきかなくて、どこやらにそういうことに明るい人があると聞くと、やはり行って聞きたくなるくらい自信のないものです。自分というものが一番知りたい。そして「汝自らを知れ」と昔から言われるが、これはなかなか分からぬ。

孔老人が袁少年を予言したが、少年すっかり感激いたしまして、孔老人を家へ連れて帰って大事にもてなし、それから発心して大勉強して科挙に応じたのであります。ところが不思議にも、孔老人の言うた通りの年月に、言うた通りの成績で及第をした。ますます面白くなって第二次試験を受けたら、やはりその通りになった。以来、何事もすべて的中して間違いがない。彼は、ひとりでに社会的には成功をしたが、不幸にして子供がない。人間の運命というものは、ちゃんと決まっておって、どうにもなるものではない、我々は出世しようとか、金を儲けようとか、いろいろ虫のいいことを考えてじたばたするのだが、これくらい馬鹿げたことはない。自分は子供もないし、何年何月に死ぬという寿命も決まっているから、この決まりきった短い人生に何を好んでつまらないことにあくせくするか、ということを徹底的に彼は感じ入ってしまったから、他人と競争をして出世しようとか、金を儲けようとかいう気持ちが青年にしてすっかりなくなってしまった。

あるとき、彼は仕事の関係で南京付近のあるお寺に滞在しておりましたところ、そのお寺に雲谷という禅師がおった。ある日、雲谷禅師が袁青年を呼んで、「先日来あなたがここにいるのを密かに観察していると、お年に似合わずできておられる。どういう修業をしてそこまでの風格になられたか、参考のために承りたい」。こういうことを言われたので袁青年は驚いた。

これは非常に面白い話で、人間というものは、本能的ないろいろの情欲、煩悩と言いますか、そういうものがなくなるほど、あるいは高いものに入れ替わられるほど人間が高次の存在になるから、俗人では分からない一つの神秘的なものが生まれてくる。我々の中に潜在しているところのもっと高次の機能が出てくる。ところが、我々が通俗な生活、すなわち平凡な欲望やその衝動に支配されていると、我々の本質や機能が非常に低下してくる。それが低下してくると俗と言う。それが少し高くなってくると、英邁とか神秘とか言うのであります。

これは医者でもそうでありまして、酒を飲んだり肉を食ったりしていると、診察をする指頭や目の感覚が麻痺してくる。これは優れたお医者さんが皆体験している。指頭というのは非常に微妙な性能を持っているものでありまして、ここから生体電気が始終《しじゅう》放射されているわけであります。したがって、指頭の感覚というものは非常に鋭敏なもので、清い生活、高邁な精神状態でいると、これが非常によく利《き》く。俗悪な生活をしていると、その診断力が鈍くなってくる。これは医者ばかりでなく、すべてそうであります。

袁青年は、今言ったような一つのあきらめに到達して、もう普通の青年が持っているようなアンビションというものが抜けてしまったものですから、思うに人間が清く落ち着いてゆったりした風格になっていた。年があまり若い時にはそうはいかぬものですから、それで異様に雲谷禅師に映ったのでしょう。ところが、袁青年は別に何もそうむずかしい学問や修業をしてそういう境地に到達したのではないので、孔老人に予言されて、それがことごとく的中した結果、人間は余計なことを考えたり、もがいたりすることはつまらぬ、というのであきらめてしまった。つまり脱落したわけであります。そこでありのままに、「実は私は妙な体験を持っております。少年のときに医者の勉強をしていたところが、こういう老人がはからずも見てくれて、お前は進士になれ、必ず何年何月には何番で及第をして云々と言ってくれたので、面白くなって勉強して試験を受けてみたらその通りになりました。爾来、少しも老人の予言が外れたことがありません。そこで、つくづく人生というものはもうあらかじめ決まっている、いわゆる陰騭である、もう冥々の間に決まっている、我々が妄動したところで何にもならないとあきらめて悠々と自然に任せているのであります。それで多少ほかの者と違うように禅師の目に映ったのでしょうか」

と言ったところが、雲谷禅師が急に態度を一変して「なんだ、そんなことか。それじゃお前はまことにつまらぬ人間である。これは大いに見損なった」と嗤んで吐き棄てるように言われました。意外に思って「それはまたどういうことでありますか」と尋ねたところ、雲谷禅師は容《かたち》を改めて、

「お前のあきらめ、お前の悟りというものは、きわめて一面的であり低級幼稚なものである。なるほど人間には運命というものがある。しかしながら、その運命というものがいかなるものであるかは、一生かかって探究しても分かるか分からぬか分からぬものである。我々が一生学問修業して、自分の運命がいかなるものであるかということを調べてみて、

初めて自分の運命というものはこういうものであるということが分かる。棺を覆うて後に定まるものである。そんな一老人の観察予言などで決まってしまうような無内容なものでは決してない。なるほど、我々は運命というものを持っているけれども、運命というものは学問によって限りなく知らるべきものであり、修業によって限りなく創造せられるものである。運命は天のなすものであるとともに、また自らつくるものである。何がために代々の聖賢が一所懸命苦心して学問・修業したのであるか。もしお前の言うように、簡単に人間の運命が決まっているものであるとすれば、代々の聖賢は何にもならぬことを性懲《しょうこ》りもなくやったことになる。今日の言葉で言えばナンセンスになるではないか。お前の運命、すなわちお前の素質・能力・作用というものは、そんなに簡単なものなのか。それではお前はつまらぬ人間であると思わぬか」

と言われて、彼は満身冷汗三斗、愕然として初めて目が覚めた。雲谷禅師は、

「お前は義理再生の身——義とは今日の哲学で言えば良心の肯定する具体的実践である。理とは物の成立原理である。——すなわち、我々が思索し実践しつつ日々に創造的生活をする主体——これが義理再生の身であるが、絶えざる思索と実践によって日々に新しい創造的生活をする身となって学問修業をしてみたまえ。そうすれば君という人間がまたどうなっていくか分からない、君の人生がどういうふうに変化していくか分からない。これを

称して〝立命〟と言う。すなわち、今までは他律的な運命に支配され、宿命に支配されていたのであるが、今日より自由な身となって自己および人生を創造してみろ。そうしなければお前の運命なんか分かるものではない」

こう言われて彼は飜然として、それから新たなる生涯に入った。ところが、不思議なことに、それまでに外れたことのない孔老人の予言がことごとく外れだした。そうして子供もできれば、死ぬと言われた年もはるかに過ぎてまだ健康でいる。そこで、人間というものは安価な運命観に陥ってはならぬ、どこまでも探究し、どこまでも理想を追って実践に励まなければならぬ。それには、こういう哲学を持ってこういう修業をしろということを子供に書き残したのであります。それが四つの大きなチャプター（章）から成り立っているので、雲谷禅師によって初めて自分は世の常の人（凡）の心を悟った、了した、というので了凡と号を変えたので、「了凡四訓」と言います。これは非常に面白いものであります。同時に、これは非常な教えになるものであります。これが本当の自由というものです。

いつまでも「えび」の如く脱皮せよ

我々は、そういう意味においては、いかに平凡であっても、人間であるからには単なる自然の一物よりは神秘な内容を持っているのですから、真剣になって自己と取り組んだらいかなる運命を打開することができるか、本当に計り知るべからざるものがある。そこで、我々に大事なことは、常に安価な思想、安逸な生活、遊惰な生活に流れないように、どこまでも何によらず興味を持って、倦まずたゆまず物事に取り組んで、行《こう》じていくという心がけが一番根本であって、そういう覚悟、生活態度があって初めて我々の人生は成功することができる。

そうすると、当然そういう社会的環境がまたできてくる。それに対して袁青年のように、いち早くいい加減に自分に見切りをつけてしまって、遊惰な癖、安逸な癖がつくと、その人は大体もう固定してしまう。いわゆる「若朽」してしまう。

私はこの春、三菱金属のここにいる皆さんのような方々のこういう集まりでお話をして、せっかくいい気持ちになっている新入社員諸君に、頭の上から冷水を掛けるようなお話をしました。諸君は今、自分たちはどんなに偉くなるかもしれぬと思っているかもしれぬが、よほど注意なさらぬと、私自身の体験から言っても間違いないことであるけれども、案外に早く駄目になるものである。「老朽」ということもあるが、「若朽」ということがある。人間はいかにして若朽するかという話をしたものです。

老朽どころではない、人間は早く若朽する。若朽しないで、いつまでも伸びていこうと思ったら、絶えず正しい意味の運命観を持たねばならぬ。ということは、常に研究的態度で絶えず問題と取り組んで実践していく、決して安価な自己満足あるいは自暴自棄に陥らないということであります。

私はいつもめでたい席で思い出すのでありますが、昔からめでたい席のお料理に海老《えび》が出る。たいていの人は、えびというものは体が曲がっているから、男女が腰の曲がるまで、すなわち老年に至るまで長生きをして共に添い遂げるという意味でめでたい象徴としてこれを使うと思っている。ところが、私の親友の研究家から、かつて非常に面白い話を聞いて、これだと思ったことがある。

えびは、あんな硬い殻をかぶっているように思うが、実は生きている限りは際限なく殻を脱ぐのだそうです。あの殻が硬くなると、いつでもすっぽりと脱いでまた軟らかくなる。季節で言うと、たいてい秋になると物がこわばり、落葉したりするのでありますが、えびは秋になってもやはり殻を脱ぐ。すなわち生きている限りは、いつまでも殻を脱いで固まらない。常に弾力性を持っているということから、いつまでも老いない。固まらない、常に若さを持ち続けるという意味で、すなわち永遠の生命、永遠の若さをシンボルするのだそうであります。そこで、えびを使う意味がある。

我々は常にえびのごとく始終殻を脱して、きわめて弾力的に発剌と若さを失わずにいて初めて成功していけるのであります。ところが、人間というものは案外早く型にはまってしまい、こわばってしまい、ひとり肉体が動脈硬化になるばかりでなく、能力が、精神が、人格が、動脈硬化になってしまう。この殻を脱ぐことが非常にむずかしいのであります。

こういう会社に入れば会社の殻がある。役人になれば役人の殻がある。学者になると学者の殻がある。じきにその殻の中に閉じ籠もって、いわゆる型が決まってしまって、小成に安んじて、安逸に流れて、若朽して、辛うじて定年に至るのはまだいい方で、往々にして定年まで行けないということがある。これは案外むずかしいことらしい。ですから、我々はまず自己より始めて、常に倦まずたゆまざるところの探究的精神態度を持して努力しなければならない。そうすれば、そこには本当に限りなき創造の世界が開けて、いろいろなものが生まれて、非常な興味、新たなる快楽が現れてくるのであります。

それは非常に神秘的であると言ってもいいくらいのものでありまして、私どもの因果の関係は実に不思議なもので、どこにどういう因果関係、すなわち結びがあるか、計り知るべからざるものがある。そこに学問・研究の魅力があるのですが、人生もそうであります。

なぜ「足る」なのか

私の一つの経験で申してもこういうことがある。私は中学のときに国語の先生から「楽しい」という言葉の言語学的なお話を聞いた。楽しいということは、子供が母の胎内で手をかがめているが、その手を伸ばす、すなわち、手伸ばし→てのし→たのし、である。縮まっているものを伸ばすという意味である。生命の伸長、これが「楽しい」の語源だという。こういう話を面白いなと感心して聞いたのであります。

それで咄嗟に頭に浮かんで、「それでは先生に質問しますが、『たる』という言葉はなぜ『手る』と書かないで『足る』と書きますか」と言うと、先生は「理屈を言うな」と言われたので、仕方がないから引き下がったが、私ははなはだ不満であった。「たる」がなぜ「足る」であるか疑問に思ったのでありますが、先生は理屈を言うなと言われた。しかし、これは私の方が正しい。本当の教育者というのは、そんなことは言わないで、「それはいい質問だ、僕は気がつかなかったが、それは面白いから、ひとつ研究しよう」と言ってくだされば、こちらも非常に気合いがかかる。ところが、自分の分からぬことだから理屈を言うなと言って、こちらの言うことは聞き入れない。これは人を教える態度でないばかりか、そもそも人生に処する態度ではない。それが純真な青年の気持ちとしては不満でしょうがない。

爾来「たる」は足るであって手るでないということが頭にこびりついて離れない。だんだん自分で学問ができるようになってから、あらゆる漢学の書物を引っぱり出して、つまり注釈を調べて、足に関する文字、熟語は調べられるだけ調べてみたけれども、いかなる書物を読んでも、なぜ「たる」は足るで手るでないかということを説明したものがない。もうあきらめていたのであります。

私は小さい時から漢学を主としてやらされました。そうして大学に入ってからは、東洋の倫理学や政治学を専攻いたしました。世間から言うと、俗に漢学者と言われる。だから通俗観念から言うと、漢学者は漢学の本を読んでいればいいわけです。通俗観念というのはまことに狭いものであります。漢学というと、もうすでに文科大学に属すると俗人は皆思う。私は法科を出た。そうすると往々世間の人いわく、「あなたは文科だと思ったら法科だそうですね、どうして、そんなところへ替わられましたか」と。それくらい世間の人は型にはまった考え方をしている。漢学だって文学もあれば倫理学もあるし、法律学もあるし、政治学もある。漢学であるからといって文学には限らぬ。漢学と言えば『論語』『孟子』とは限らぬ。にもかかわらず、世間ではそういう型にはまった考え方をしている。ところが、自分がいつの間にか型にはまったそんなことばかり研究をする。すなわち文字や言語、文章のことばかり研究している。

何が故に「手る」でなくて「足る」でなければならぬかということを明らかにしようと思えば、漢学の本を漁って注釈を探っているよりも、手の研究をすればいい、足の研究をすればいい。そうして生理的・病理的・医学的に手と足とどっちが大事かということを研究する。つまり、医学上から手や足を研究すればいい。それが思考の型にはまってしまうと、それに気がつかぬ。医者なんてものは、俺のやることではない、これは医者のやることである、医科大学生のやることであると考えるものだから、生理学・病理学といったようなことはちっとも気がつかない。そのくせ私は医者が好きであります。自分でも医者になろうと思ったことがある。特に医書を読むことが好きで、漢方の医学というものが非常に好きである。医者の友人も非常に多い。私自身、小遣いを倹約して幾人も医学生を育てました。それくらいですから、自分もやればやれるのに気がつかなかった。

私は、その半面、専門違いのいろいろの連中を集めてよく会をやっておったのでありますが、ある晩、会でひょっとその話をした時に、一人の医学者が卓を叩いて感心をした。「それは面白い、いや実に文字というものはえらいものだ。昔の人は偉いなあ」と言って非常に感心をしている。のみならず彼は、「今夜は革命的な一晩だ」と言って一人悦に入る。「一人感心しておらずに説明をしてほしい。僕は長い間そのことで苦労してきた」と言うと、「いや、手と足とを生理学的・病理学的・解剖学的に研究すると、それは問題なく足の方が大事です。足によって全身の問題は解決することができます」と言う。それから縷々《るる》長広舌を承って、私の多年の疑問が初めて解けた。「たる」は「手る」でなくて「足る」でなくてはならぬということが初めて医者によって判明した。

〈編集部注・著者は、別個の講演で「足る」についての医学的説明を以下のように述べている〉

（その医者によると）人間の体で一番苦労しているのは足である。人間は寝ても覚めても大気の圧力、地球の引力、重力の圧力を受けている。何をしても、この支配から脱することはできない。これに順応する一番楽な姿勢は横になることである。故に、匍《ほ》匐《ふく》する動物は一番合理的な体勢をとっている。人間は立ち上がって前足を手にしたことから発達したのである。そうすることにより頭が発達したので、匍匐していると頭は無になってしまう。ですから神経衰弱や胃下垂になっている人など、四つ這いになって歩くと治ってしまう。医者では、患者の体力によって一定時間這わせる運動をさせるところがあります。私自身も御殿場におった時、やったことがあります。これをやると物を考えようとしても考えられなくなり、非常に腹がすくから、胃病など治ってしまう。実によい運動です。文明から原始に返るのです。だから禅寺などでは、盛んに雲水や小僧に拭き掃除をさせます。これをしていると、どんなに悩んでいる時でも物を考えない。頭を空っぽにして四足になって働くから、胃腸は非常によくなる、だから健康にはよいのです。

ところが、立ってしまうと、脊椎という積み重ね方式のひょろ長い、あやふやな柱、それを腰で受けて、その下に二本棒を立てて倒れないようにしているので、実に不自然です。そして曲がったり脱臼したり、いろいろ障害を起こすわけです。しかも腰、脊椎は非常に重要です。これから神経・血管・淋巴腺などが全身に分布しているのですから、異常を起こすと体内はいろいろと変化を起こします。肝腎要《かんじんかなめ》の要《かなめ》は腰である(肝腎は肝臓と腎臓)。昔の人が「腰抜け」と言ったのは名言であります。大体の人間は二十歳にもなると多少「腰抜け」です。三十、四十になると「大腰抜け」です。肩が凝るとか、胃腸が悪いとか、これは腰に異常があるためです。

さらに悪いのは足である。足は心臓から出た血液が、そこへ降りてくることはできるが、それを順調に上に上げるためには、あらゆる努力を払っている。足の機能が完全になれば、ほとんど言うことはないそうです。健康である、すなわち「足る」である。手など問題ではない。病気などしたりすると、まず足が駄目になる。フラフラする。足腰が定まらないということが、一番精神的にも肉体的にもいけない。そこで足をできるだけ丈夫にする、足の機能を旺盛にする、完全にすることが、我々の終身の健康の必須条件である。だから「たる」という意味に足を用いたのであると。

それを聞いて初めて、私の多年の疑問が釈然としたのです。

その友人にしてみると、「今まで自分は臨床医術の上において足というものを忘れておった。体を治してやろうと思ったら、まず足から治してやらなければならぬことを忘れておった。これから自分は、患者を治療する上において偉大なる革命的進歩する示唆を与えられた、この晩は非常に有難い」と喜んだわけです。

私はその時に非常に感じた。学問というものは片輪ではいけない。今までのような専門なんてものにとらわれておっては行き詰まりだ。「専門的愚昧」ということがある。専門家になると、型が決まって非常に狭くなってしまって、その結果、あることについては深く知っているが、ほかのことは何にも分からぬということになる。ほかのことが分からぬだけならいいのだけれども、ほかのことが分からぬと専門が行き詰まる。専門になるほど富士山のように裾野が広くなければならぬ。できるだけ、ほかの世界に関心をこまかに持たなければならぬ。我々のような漢学も、生理学も病理学も解剖も電気学も栄養学も何学も必要である。と同時に医者そのものも、そういう漢学の一語の問題が彼の実際の医療の上に大なる変化を与えることになります。これは医者がいくら集まって議論しても、そういうことは得られない。

「眉毛を吝まず」の意味

そこで、その晩はさらにその問題に及んで非常に得るところがあって確信を深めたのですが、私は学生時代に、休みになるとよく禅寺に放り込まれて坐禅をさせられた。禅の書物を読んでいると、しばしばお師家が説教をするのに「不吝眉毛」（眉毛を吝《おし》まず）という言葉を使う。老僧が「わしが口を酸っぱくして話をして聞かせる」ということを言うのであります。ところが、これは何のことか分からぬ。

労力を惜しまずというなら、誰でも分かる。せいぜい、〝唾液を惜しまず〟くらいならよく分かる。口角泡を飛ばして話す、とはいつも言うことである。ところが、眉の毛ではあまり説教とは関係がない。何が故に苦労をして説教してやることを「不吝眉毛」と言うのか。これはまあ学者の探究癖ですが、私は学生時代からおかしいと思っておった。

これを説教の上手な禅坊主に聞いてみても一つも分からぬ。満足するような返事をしない。いろいろ禅書を読んでみたが、いかなる禅の書物にも私の納得のいくような解答がない。中には、有名な禅寺の管長さんで、とんでもないことを言うて聞かせた人がある。それは、〈話が佳境に入り、眉が上がったり下がったりするから眉の毛が抜けるのだ〉というが、これに至っては牽強付会甚だしきものである。

ところが、あるとき漢方医学の本を読んでいると、〈舌は心臓系統に属する。そうしてこの系統は眉に関係がある。心臓、舌、眉は同一系のものだ〉ということが出ている。ご承知のように、東洋医学では身体に経絡《けいらく》というものがある。これを知らなかったらお灸も鍼《はり》もできない。漢方的診断はできない。今、これは大学で新たな研究対象になっており、すでにいろいろな研究報告も出ている。これの一番分かりのいいのは生体電気学であります。簡単に言うなら、我々の心臓も腎臓も肝臓もみな放電している。我々の生体電気の径路が経で、その交差するステーション、それが絡です。肝臓には肝系、心臓には心系という放電線があるが、心臓、舌、眉みな同一系だという。そこで、あまり舌を使うと心臓を傷める。心臓を傷めると眉の毛が抜ける、ということが書いてある。これだな、ということに気がついた。

その後、医者の話を聞きますと、我々が普通の事務室のような所でテーブルを隔てて二十分間話をすると、一里の道を散歩しただけのエネルギーを消費するということが書いてある。そうすると、この部屋でこれだけの人に二時間もお話をするということは、これはたいへんな長距離を歩いただけのエネルギーを消費することになる。これは、なるほど、よほどの慈悲心がないとやれぬ重労働である。よほど心臓を傷めることになり、眉の毛が何本か抜ける。そこで、眉毛を吝まず、お前らに話をしてやるということになると、これは非常に面白い言葉だと思う。

医者の友人に聞いてみたところが、まさに解剖学から言っても舌と心臓は関係がある。

だから舌を見ると心臓がわかる。眉まではちょっと自分は気がつかなかったが、そう言えばそうだ。ところが、東洋の観相学から言うと、眉というものは非常に意味がある。あらゆる精神活動および性格が眉に現れている。眉は動かぬものだと思ったら、大いに動くものであります。三カ月に一ぺん生え変わる。睫毛でさえ三週間に一ぺんくらい生え変わる。そうして拡大鏡で見ると、眉の毛は始終盛んに活動している。だから、その人間の精神状態で伏せたり立ったり、あらゆることをやっていることが分かる。

だから学問の分野というものは、学問を分化して、人が聞いたこともないような名前のついたのが専門で、そういう学者が偉い学者だと思う考えは非常な間違いで、そういう専門に徹しようと思えば思うほど、まるで無関係のような、何の因果の関係もないようなところに、とんでもない因果の関係がある。だから、我々はできるだけ眼光を狭くしないで、何にでも興味を持つ非常に大きな心が必要です。

皆さんなどは大体多く専門家になりやすいのでありますが、簡単に専門家になられると、つまらない人になります。何が、いつどこで、どんな関係を生じ、それがまた参考になるか分からないから、何事に対しても、あんなものは俺に関係がない、そんなものは縁もゆかりもない、というように考えないことです。これは非常に大事なことで、人生に成功する非常に大事な根本条件であります。

専門外、異分野の友人を大切に

それと同時に、できるだけ友を広く持たなければならぬ。ところが、いい友達を多方面に持つということが、またなかなか困難であります。皆さんがこういう会社に入られると、大体、生活の分野が決まってしまい、生活のコースが決まってしまう。そこで毎日顔を見合わす人間も大体決まり、付き合う人も大体決まる。交渉を生ずる範囲が非常に局限されてくる。したがって、友達も決まりきったような友達になる。そこで会話も、ものの考え方も、仕事も、だんだん限定されてくるということは、人生がそれだけ狭くなるということと、無内容になるということと、造化成長が止まるということです。本当の意味の専門的権威を得ることではなくて、専門的堕落の方に行くのです。だから皆さんは、職業人になられればならられるほど、広くいい友達を持ち、接触面を豊かにする。そうして、むしろ専門外、職業外の友人を大切にする。つまらない友達、悪友・愚友とは付き合わないようにする。なるべく有為有望の専門外、畑違いの人に謙虚な気持ちで付き合う、広く良友を求める、ということが大切であります。

私は幸か不幸か、高等学校、大学時分から、そういう疑問癖、探究癖があって、親、兄弟、先輩は、私を何か社会的な偉い人にしたかったらしいが、私はついに一生老書生として何にもなりませんでした。こういう学問、教化ということに頭を突っ込んで、そのままずるずるべったりに来てしまったのであります。そのために、一面から言うならば、いわゆる浪人的生活であるが、一面から言えば、限定されないで各種各様の人間、各階級の人士に接触してまいりました。

三十年あらゆる階級の人々と自由に接して感ずることがあるが、その一つは、〈案外世間の人たちは世界が狭い〉ということであります。あたかも思想家とか学者とかいう者が、専門と称して、けちな思想、学問、イデオロギーに支配されているように、社会人、職業人というものは、また意外に狭い範囲の中に生きている。つまり、付き合いが狭いし、人を知らない。

早い話が、ここに役人がいるとすると、これがいつの間にか偉くなって大臣になったまではいいのだが、大臣になっても、秘書を一人、次官を一人持ち合わせがない。他人から推薦してもらわなければならぬ。自分が偉くなったけれども、仕事を一緒にする、運命を共にする、死生を一つにする、というような兄弟分、親分子分といったようなものを持っている人が案外に少ない。気の許せる秘書の一人もない。だから、自分の倅とか婿さんとかいうものを引っぱってきたり、あるいは、そうでなければ、どこからかあてがわれたものだったりする。

人生の一原則「六中観」

私は常に「六中観」というものを、密かに人生の一原則にしている。

第一は「忙中有閑」ということであります。人間は、何にもすることがなくなってからの閑は死んだ閑で、無内容な閑であります。本当の閑は繁忙の中にある。繁忙の中から取ってきた時間でなければ本当の生きた時間ではない。

同様に「苦中有楽」、苦しみの中に初めて楽しみがある。

「死中有活」、ほんとうにせっぱ詰まった死の中に活がある。

「意中有人」、自分の心の中に人がある。「意中人あり」というと、何だか恋人でも持っているようですが、それに限ったわけではない。たとえば自分が大臣になると、秘書官は誰、次官は誰、社長になると、人事部長はあれだ、労働部長はあれに限る、経理部長はあれがいい、というように、ちゃんと持ち合わせがある。いわゆる手に駒を持っている。

これはまた話が少しくだけるが、この間、私の友人が妻君を亡くしました。その人は五十五歳であります。一年の忌が明けて、つくづく不自由でしようがない、「いい後妻があったら世話してくれ」と我々の集まりで言った。遠慮のない仲だから言ったのでありましょうが、一人がそのとき話した。「人間二十や三十なら仕方がないが、年四十を過ぎて後妻を他人に世話してもらわなければならぬ、というようなことでは駄目だ」。「それはどういうことか」。「女の中に、後釜を何人も狙っているようにならなければ駄目だ」と言いました。皆なるほど、と感心した。これは非常にくだけた話でありますが、それはもう応用無限であります。ちゃんと普段から駒を持っていなければならぬのです。

それから「壺中有天」であります。これは、ちょっと注釈を要する。これは非常に面白い老荘思想の故事（七七頁参照）がありますが、自分の現実生活の中に別天地を持つことです。哲学でも趣味でも何でもよろしいが、別の世界を現実の中に持っている。

それから「腹中有書」です。これは人間が哲学を持っているということです。腹が空っぽではしようがない。

人格的・人間的定年

私は、この六中観というものを始終反芻しているのですが、人間はできるだけ友を持っておらなければならぬ。これも皆さんの生きた参考になると思います。それから何と言っても書を読まなければいけません。その書も、つまらない月々の雑誌とかジャーナリズムにもてはやされるような書はいかぬ。やはり、我々の信念をつくり、識見を養う優れた人生観・世界観の書を読まなければならぬ。昔の言葉で言うならば聖賢の書、座右の書といったようなものを持っていること、これが「腹中有書」です。
そういう本当の読書生活を持っておりますと、えびではないが固まらぬ。いわゆる通俗化しない。精神的のみならず、いつまでも肉体的の若さも持つことができる。そうすると絶えず友人から、またそういう書物から、つまり現実の生活の中からいろいろの刺激を与えられ示唆を与えられる。したがって、眠っている自分が覚まされて自分の「義理再生」になる。袁了凡ではないが、自己を絶えずリクリエートすることができる。そうすると、自分の人生、自分の事業、自分の社会というものに絶えず生きて働きかけることができる。これは自己を益し、事業を益し、その間に自分ができていくと、今度は、自分がまた人をそういうふうに活かせることができる。

そうしないで、〈職業に就いた、これでやれやれ月給がもらえて生活が安定した、これからひとつ何かエキスパートくらいになって早く楽《らく》したい〉というようなことを考えていると、非常に早く人間が限定されてしまう。限定されると、それだけ麻痺沈滞してくる。沈滞してくると、やがて進歩が止まってしまって、つまらない人間になって、社会的定年ではない、早く人格的定年に達する、人間的定年に達する。それでは事業も駄目になる。

事業というのは、要するに人であります。したがって、本当の事業は、事業ではなくて「徳業」であります。徳業という言葉がありますが、道徳と事業というふうに分けて解するのは中学校の野暮な漢文の先生の言う言葉であります。そうではない。徳がそのまま業に表現されるから徳業と言うのであります。この会社などもそうであります。会社の幹部になって事業を経営する人の人格、その気分、思想などが自然に集まって一つの社風というものをつくる。社員の精神状態のいかんによっては社風が非常に立派になりますし、社員の精神状態が低下すると社風も低下する。社風というものは、全体的雰囲気と言いますか、雰囲気というものは気象と同じことで末梢的に見ては分からない。つまり、全体的の生活状態、精神状態がつくり上げるものであります。

ですから皆さんは、当社に入って人生の経路を一つ定められたことは非常に結構ですが、それと同時に、小成に安んじたり、早く自己限定をされたりして発育の止まった人にならないように、どこまでも自己を伸ばし、事業を活かし、良い社風、発剌たる社風をつくっていく大事な要素になれるように、これは皆さんが入社して本当の実際活動に入られた劈頭に私が心から餞《はなむ》けとする言葉であります。これは空論ではありません。私が五十六年の生活と自分の体験と観察とから、しみじみと真心をもって皆さんにお話をすることであります。

次代を作る人々のために

卒業は始業(Commence)

皆さんは、最近学校を出られた、すなわち卒業されたのでありますが、どうも、この卒業という言葉が少なからず日本人に禍しておるようであります。卒業と言いますために、教育を終わった——もうこれで自分の修業は終わったのだという、もっと平たく言いますと、やれやれというような気持ちになりまして、もうそれで勉強をやめてしまう。本も読まなくなり、ものも考えなくなり、そうして会社の地位、サラリー、娯楽といったようなもの以外に何も求めなくなりやすい。

そこで五年たち十年たつうちに、頭も心情も荒《すさ》んでしまって、まことにつまらないものになる。こういう傾向が従来から久しく日本の社会にありがちであったのであります。これは困ったことで、どうしても、この「卒業」観念にとらわれていけない。況《いわ》んや、今後、この荒廃し堕落した日本を真に復興し再建していくためにも、あらゆる方面に一人でも多く、立派な人物が出ねばならないことを思えば、ますますこのことを痛感するのです。

我々は学校を出てから、むしろ本当の意味において学ばねばならない、修業をせねばならない。それにつきまして、イギリス、アメリカ等において使われる言葉、日本で申しますと、卒業して称号をもらうことをCommence（カメンス）と申しております。これは卒業よりはむしろ始業という意味であります。

皆さんは、学校を出て本社に入られたということは、まさにカメンスでなければならない。人生学、社会学、事業学等、皆これから始まる。そういう意味においては新たな入学である——こう考えるべきであります。

この世の中というものは、また、その一部分であるところの、この会社にしましても、そのまま一つの学校であり、修業の道場なのであります。そこで新たにカメンスするのでありますます。そういう心構え、感激、あるいは発憤を以て発足する、入社するということがきわめて大切なことであります。

古人の言葉にも、感激のないところに人生はない、……怠惰と無為とは人間のあらゆる腐敗と罪悪との根源であることをいろいろに教えております。

子曰く、飽食終日心を用うる所なきは難いかな。博奕なる者あらずや。之をなすはなお已むにまされり。〈子曰、飽食終日無所用心、難矣哉、不有博奕者乎、為之猶賢乎已〉（『論語』「陽貨」）。

つまり腹一杯食うだけで、一向反省も思索もしない、要するに食って漠然として生きている、その日暮らしをしている――というような人間はどうにもならぬ。ポカンとして、ものを考えずに暮らすくらいならば、トランプやカルタをやったり、あるいは碁、将棋をやったりした方がまだ気がきいている。それをやっている間は、とにかく、それに精神を集中しますから、そこには、やはりそれだけの感興がある、楽しみがあります。

人間生活の秘訣は、すべて自分の精神をある何ものかに集中するにあります。たとえ、さいころでもトランプでも、それをやっている間は確かにそこに楽しみがあり、生き甲斐がある。ぼんやりして、ただ食って生きているよりもよっぽどよい。しかし、同じ夢中になるのなら、博奕よりも、もっと貴いことに夢中になる方がよいことは言うまでもありません。

子曰く、群居終日、言義に及ばず。好んで小慧を行う。難いかな。〈子曰、群居終日言不及義、好行小慧、難矣哉〉（『論語』「衛霊公」）。

多勢が一緒になって、そうしてつまらないナンセンスな話をして、終日ろくなことを語り合わない。そのくせ好んで小利口なことをやる。そんなことで立派な人間になることは難い――というわけですが、まことに穿った言葉で、我々はいつでも、意義のある、感激のある仕事に自分の全身全霊を打ち込んで暮らすに限るのであります。

フランスの社会学者で有名なベルナール・ファイという人が、アメリカ人の美点に関して良いことを言っています。

「私が、幸福なアメリカ人に、その幸福な所以《ゆえん》を問うた時、彼らは、『わたしには仕事がある（I have a job）』と答えた。この高尚な言葉、この尊い言葉、非凡で、しかも、こういう人々の人間性というものを、床しく偲ばせる仕事という言葉は、アメリカ合衆国の最も魅力的な表現であり、この国民の成功を物語っているものである」と。

我々は、いつでも、こういうふうに自分が幸福を感ずる、生き甲斐を感ずるところの仕事というものを持たねばならぬ。

人間は、その気になりさえすれば、必ず夢中になるような仕事はあるものであります。そこで、アメリカの二、三のジョブの話をいたしましょう。

ある青年の話。ひどい不況で何にも仕事がない。職業がない。困りきって、フラフラ道を歩いていると、ふと目につきましたのは広告ビラを配って歩いている男の姿であります。そこで、これでもやってみようという気になりまして、新しく開業した店に行きまして、広告ビラ係に雇ってくれまいかと頼みましたところ、そこでも一向必要ないとの返事で、軽く断られてしまいました。そこでその青年は、「私ならば最も有効な広告ビラの撒き方をする。今までのようなやり方では何にも役に立たない。非常に無駄が多い。一つ私にやらしてくださるまいか」と掛け合ったところが、その店主は、その熱心と意見とに動かされて、そういう自信があるならひとつやってみたまえ、と言ってやらせてみることにした。青年は早速ビラ配りを始めました。さて、どういうことをやったのかというと、彼は漫然と広告ビラを撒き散らすというようなことはしないで、丹念に一軒一軒立ち寄って、店先であるいは台所で、一々説明してそのビラを配って歩いたのであります。その熱心さに動かされまして、たちまちその新しく開業した店に問い合わせが殺到しました。その青年の名前は忘れましたけれども、その後、アメリカのその業界の有名な人物にのし上がって、立派に成功したそうであります。

精神を、ある一つのことに集中すると、霊感や機智が生ずるもので、そうすると異常なことができるものであります。

また、ある青年は新聞に志しておったけれども、どこでも雇ってくれそうもない。そこで彼は、自分の地方の新聞社に入りたいと思ったが、そこでも入れてくれません。しかし彼は今度はいろいろ苦心して、もし自分がこの新聞社に入ったならば、どういうふうに新聞を編集するか――ということの研究を始めました。そして、その新聞には編集のどこに欠陥があるか、どこに改善の余地があるか――こういうことを真剣に研究しました。そして彼が発見したことは、地方新聞でありながら、その地方の農村記事がすこぶる振るわない。また運動記事がもの足らない。そこで、彼がこの新聞を編集するとしたら、農村記事をどうするか、運動記事をどう充実していくかということをいろいろ工夫してみました。そうして彼は、編集局長を訪ねて改めて採用を願ったが、もちろん許してくれません。そこで彼は、「実は、ただ使ってくれというのではありません。私がこの新聞の読者としてこの新聞に不満である。農村記事も、運動記事も振るわない。私ならばこんな記事を載せる」と言って、その記事の雛型を見せた。それを一見するなり編集局長は大いに感じて、これは見つけものだということになって、その青年の入社が許されたものであります。この青年もアメリカの新聞業界の有力な成功者となりました。

また、ある青年は、自動車修理工場を研究して、それまでのように、工場に故障車を牽《ひ》いてくるようなことをせず、オートバイにいろいろ修理器具を整備して、電話一本でどんなところにでも駆けつけて、現場でもって、どんどん修理することを始めました。このやり方が今度の戦争にも役に立ったのであります。

大本営から敵艦撃沈何隻、大破何隻、撃破何隻と報道されたが、それらの艦船が、日本流に考えると、どこかのドックに曳航されていっているはずなのに、いつの間にかまた出現する。日本の海軍も驚いたのでありますが、これは今も申しましたように、自動車修理工場の場合と同じで、艦隊にはそれぞれ修理船がついておりまして、打撃を受けますとすぐ現場で修理をする。日本のように、いちいち内地に送り返して修理をして、それからノコノコと出かけて行くのと違ったのであります。

こういうわけで、我々がナンセンスな生活、怠惰と無為を排して、仕事を通じて真剣に精神を集注する――我々の精神能力を十分に働かしますと、異常なこともできるのです。この心構え、この態度、この努力、これは今後最も必要なのであります。この会社でも、こうなれば、いくらでも創意工夫が発揮されましょう。そこに自分の感激があり、会社の発展もあるということは、疑いのないところであります。

個々人が主体性を失えば組織も崩壊する

さて、人間というものは、本を読まなくなりますと頭がきかなくなってくる。人間が俗になってくる。そこで絶えず有益な書物を読まねばならない。皆さんに、その意味でお奨めのできる書物の一つに、ヒルティのものがいろいろ出ております。もうすでにご存じの方もありましょうが、近代スイスの最も尊敬すべき、学者であり、実際家であり、経済家であります。このヒルティが、「男子は、その仕事場で、女子は、その家庭で、働く様を見て本当にその人となりが分かる。男女共つらいこと、苦しいことに際して最もよく彼らを知ることができる。最も分からないのは社交の場である」と言っています。

ところが近代は、その大切な自己完成ということを失ってきているのです。「蟻丘の時代群衆的生活の時代が始まっている。もし抽象的平等が勝つならば、個人主義の世紀がもはや真の個人を見ることができないという大危機が進行する。絶えざる平均化と労働の分業とによって、社会は一切となるが、人は皆無となろう」と、同じスイスの哲人アミエルが申しておりますが、甚だ困ったことに、これは近代共通の現象でありますが、特にわが日本において、この有史以来未曽有の敗戦、無条件降伏、米軍の進駐管理などから、意気地なくもいよいよ世の中が荒んでしまいまして、虚無的といいますか、頽廃的といいますか、そこにはいろいろの悪い思想や傾向が生じました。

その一番悪い根本的問題は、自己の喪失であります。真の自分を見失ってしまうこと、いわゆる主体性を喪失することです。そのために自ら積極的に働く志気・気概・努力、これが全く失われておるのであります。それに、時代の環境というものが、ますますそういう傾向を強くしていっているのであります。というのは、今日社会生活の単位がだんだんと個人から集団に移って、組織化する傾向が非常に強くなってきたのであります。そのために個人というものは、その集団に没却されていっております。

早い話が、どこの職場に行きましても組合というものがあって、個人個人がその組合のメンバーとなって機械的に動いております。政治には政党というものがあって、その政党本位に動きます。選挙の投票でも、個人に投票するのでなくて、政党に投票せよというふうになって、あらゆる方面においてそのように集団がものをいう。そして個人の自由な思想・行動を許さない。これは恐ろしいことであります。いかに組織が発達し、集団化しましても、これを構成するところの個人個人が自己を喪失していきますと、組織そのものが、集団そのものが崩壊することになります。これはギリシャ、ローマを始め、幾多の歴史を観察いたしましても、実に戦慄すべきことであります。

ニュルンベルクの裁判において、ナチ当時の軍需相であったシュペーアが述懐して、こう言っております。

「科学技術が発達して、機械的組織が完備するに従い、人間は次第に単なる命令受領者にすぎなくなって、その結果、独裁者を生ずるようになる。今後、社会が機械化するほど、同時に自由な個人の完成に努力しなければならない」

これは、近代文明人に対する悲痛な見識であり述懐であります。機械化・組織化するにつれて、その社会は危険になりやすい。現実は、理想主義者が何と考えましても、多分に幻滅の危険が多い。実存するもの、我々が経験するものは、概して不満を抱かしめられやすい。それが新たな実存主義といったような主張になって、欧米と同時に日本の社会をも風靡したのであります。今までの日本人が、金甌《きんおう》無欠だの、あるいは神聖不可侵のといった天皇制はどうであるか。あれほど威張っていたところの軍閥はどうなったか。教育勅語は廃止された。そして忠君愛国は呪うべきもののように言われる。今までの我々の人生、我々の社会を支配しておった一切の権威が、皆破滅したように見えたのであります。

我々は一体何によるべきであるか。あるものは、ただ罪悪や腐敗ばかりである。

要するに、人間というものは、世の中というものは、何にしても真の価値はない。ただ、その日その日、なんとかしていくほかない――こういった気分、その中に自分もでたらめな生活をする。これは、まさに世紀末的現象でありますが、ところが、少し実存主義というものを突っ込んで研究してみますと、本当の実存主義は決してそういうものではない。実存主義研究上まず誰も知るキェルケゴールの真面目はどこにあるか。彼は、世の中の実相があらゆる腐敗・堕落に満ち満ちているだけ、それだけそれを潔しとせぬ独立独歩に徹せんとしたのです。

真に心ある者は、そういう環境、そういう大衆の中に、虚無的・頽廃的な生活をしておってはならない。そこに自ら、いかに寂寞であろうが、いかなる迫害を受けようが、毅然として孤独に生きる志節を持たねばならぬ。それだけの信念と識見を持たねばならない。

それを誇りとしなくてはならないとしたのであります。ですから、キェルケゴールも頽廃的な大衆生活に飽き足らずして、孤独であり、自己の主体性というものを把握して、それこそ真の自由に生きようとするものであります。キェルケゴールは、かくてソクラテスを祖述しておるのであります。ところが今日、実存主義を以て任じている人々の多くは、キェルケゴールやソクラテスとは似ても似つかぬデカダンであります。そこには腐敗と堕落と虚飾しかありません。

人類の恩人であるパスツールは、かつてパリのソルボンヌ大学で学生たちに語りました。「何ものをも生み出すことのできない懐疑主義に染まってはならない。諸国民を覆うある時期の悲哀によって落胆せしめられてはならない。

まず自ら問うてみることである、自己の修業のために何をなしたかと。そして諸君が次第に進歩したならば、自分は祖国のために何をなしたかと自問してみなさい。そして諸君は、ついに人類のために、また、その進歩のために、何らかの形で寄与したという自覚で、広大な幸福感に浸りうる時が必ず来るであろう」

この精神、こういう人物を失ってしまえば、文明そのものが恐るべき破滅に向かって驀進します。組織化・機械化という傾向が実は破滅を促進するのです。

これを救うものは、シュペーアが言いましたように、確かに自己の完成に努力することであります。これによってのみ、その組織化・機械化の陥らんとする破滅から救われるのです。組織、機械というものは、要するに人がつくるものです。個々人が個々人の主体性を失っては、いかなる集団も組織も、やがて崩壊するのは当然です。

「結局、社会の将来を決定するものは、その組織をどれほどか完成に近づけるにあるのではなく、その組織に参ずる多数の者の個人的価値、また彼らが、それを以ていかに集団に参加し、その影響を受け、さらに影響を与えるかという働きにかかっている」

と、かつてマルクス主義哲学の権威者で、今は解脱して敬虔な宗教哲学者であるベルジャイエフが説いています。動かすことのできない定論であります。

皆さんにしてみれば、この会社の組織をどれほどか完成に近づけるということよりも、この会社、この組織に参与する皆さん自身の個人的価値と、それで以てどういう影響をこの会社に与えうるかということの方が根本問題です。

皆さんが、その任された仕事を以て、いかに会社に参加し、この会社の影響を受け、すなわち社風のもとに生活し、さらにこの会社の社風をどうつくっていくかという働きが大切なのであります。この精神と努力によって初めて今後の社会は発展していくのであります。いかなる官庁も、会社も、事業体も、皆そうであります。これは現代国家、現代世界の将来を決定する問題の根本的なものであると繰り返し申さねばなりません。前大戦に敗れたドイツのインフレ禍を救った有名なシャハトも、「深い精神的・感情的生活がすべての物質的生活の有効迅速な解決を助ける」と申しておりますが、人々は案外なほどこれを忘れています。

主体性を回復するための十八箇条

そこで、問題を少し具体化しまして——自己の主体性を回復し、自己完成に努力するということ、その具体的方針について、ここに一つ有効な方法をご紹介いたしましょう。

これは私見ではありません。私がこの前、ヨーロッパからアメリカを巡りました時に、努めて各国の教育を視察して、調査資料の有益なものを集めまして、いろいろ研究し合いましたその一つであります。これは十八箇条からできております。

第一は、きわめて通俗なことで、しかも非常に難しいことでありますが、飲食の問題であります。自分は毎日の飲食を適正にやっておるか、過度や不合理ではないかということを調べることです。

『中庸』には「飲食せざる者はないけれども、よく飲食の意義を知っておる者は非常に少ない」ということが書いてある。確かに飲食せん者はないが、ほとんど「生きる」ということを、「食う」という言葉で表しておるように、飲食というのは生活の大部分かもしれない、その飲食を我々が適正にやっておるか、誤ってやっていないかということを本当にやろうと思ったら、それこそ生理・病理からして際限なく知識を要する。そんなことはとてもできませんが、絶えず注意して正しく飲食する。賢く飲食すると言っちゃおかしいが、これは、皆さんが研究されると限りなく面白い有益な問題で、一番悪いのは、暴飲暴食や妄飲妄食するということであります。日本人はもっと飲食を合理的に、もっと軽くやる必要がある。日本人は栄養を取るということよりも、むしろ、満腹という言葉が表しているように、腹に詰め込むという悪習慣が非常に強い。

私が外国を旅行して、たびたび気がついたことですけれども、西洋人の飲食は一般に簡単ですが、日本人は非常に重い〝大めし食い〟が多い。そうして、また不合理な飲食者が多い。たとえば、自分の可愛い子供が大学に行って胸を患っておるのを、田舎の母親が来て看病しながら、栄養を取りさえすればよいと思って、そのおっかさんは、一日のうち半分ぐらい寝ている大学生に、牛乳を飲まないか、お肉を食べないかというふうに、卵をいくつも食わせたり、パンにバターを塗りたくったり、そういうようにうまいものを食わせなければいけないもんだと思って、食いたがらん子供に一所懸命に、バターとかチーズとか卵とか牛乳などを勧めておるのです。また、この青年は甚だ非科学的でありまして、何かそういうものを取らなくては自分の体がもたないと思っている。そして、実は自殺を招いておるのです。なしくずし自殺をフルスピードでやっておるのです。

食物は、消化をし吸収をするということが必要なんで、胸を、呼吸器を患っておるというのは、すでに全体が弱っておるし、消化機能も衰えているのですから、それに肉とか卵とかバターなどを詰め込むということは、全くとんでもない自殺であります。なるべく、そういうものは少なくして、もっと消化しやすい、吸収しやすいものを与えなきゃならない。うまいものを食べるよりも、食欲をつけることを考えなければならない。我々が本当に飲食しようと思ったら、ときどき断食や節食をやるほうが、うまいものや薬を飲むよりいいことなんです。だから、母親に「あんまり、そういうものは食べささんようにして、食欲をつけることを考えなきゃならない。そして、体に応じて消化しやすい、吸収しやすいものを与えろ」と説明してみるが、なかなか分からない。牛乳を飲んだり牛肉を食ったら、栄養がついたような気がする。これは非科学的な不合理なもので、「妄」食です。

牛肉をたらふく食って酒を飲むというのは、これも非科学的な、不合理なものです。昔の人の方が、その点かえって合理的・科学的な食物をとっておる。昔の酒飲みは、必ず酢の物とか、淡泊な、あっさりしたものをとっておる。我々の食事は、やはり陰陽の原理で、日本酒というものは陽性なものです。酒の肴は陰性のものがいい。酢の物、野菜とか、淡泊なものがいい。牛や豚を大食して酒を飲んでおったら馬鹿になることは間違いがないことです。

私の親しい医学者の話に、ビールを飲んでトンカツを食っておったら三カ月で結構馬鹿になる、ということを言っておりました。我々は不合理な飲食、馬鹿な飲食を案外にやっておるのです。下手な小説や論文を読むよりも、こういうことを研究した方が、よほど人生の役に立ちますし、意味があります。

平生、飲食に注意をされ、飲食の科学、飲食の哲学というものを注意しておられるとよろしい。これは、若い時はなかなか分からん。ところが、まあ四十を過ぎてごらんなさい、定年に近づいてくると、これが必ず大問題になる。何ぞ知ることの遅かりしや、ということになる。今のうちから心がけておられた方がよろしい。

第二は、毎晩よく眠れるかということです。哲学的に言っても、睡眠ということにいろいろ意味があるが、とにかく、よく眠るということは非常に大事です。眠るということに二条件ありまして、それは熟睡ということと安眠ということであります。熟睡というのは深く眠ることとです。これは、つまり生理の問題ですね。安眠というのは、これは心理の問題です。つまり精神状態が平和であると安眠ができる。安眠と熟睡とは、そういう点で違うのです。精神状態は平和であっても、どこか健康に支障があれば、熟睡はできません。疲労すれば熟睡はできても、精神状態が不安であると安眠にはならない。監獄を脱走して山の中を走り回って疲れ果てて熟睡はしますけれども、それは非常に不安眠であります。我々は、やはり精神生活に伴うて安眠をする。それから、疲労の度によって熟睡、あるいは浅睡になる。常に安眠して熟睡することを考えねばならないわけです。そして眠るということは案外短時間でいい。安眠と熟睡なら割合い短時間でいい。たいていの眠りは最初のうち、うつらうつらして本当に寝ておらない。これはたいへん気持ちがいいもんです。それからしばらく熟睡して、そうして、またうとうとしてくる。これは惰眠という。西洋でも東洋でも、非常に有為有能な人に共通していることは〝惰眠〟をせぬことです。

今、蔣介石氏が心酔しておる曽国藩《そうこくはん》という清《しん》末の偉人があります。これは太平天国の乱(長髪賊)を平らげて大功があった湖南出身の偉人でありますが、この人がいつでも「黎明即起せよ」、これは早速に起きろ、「醒めて後、霑《てん》恋することなかれ」、霑恋というのは寝床の中で惰眠をむさぼっておることです。

確かに我々、朝寝坊をするのとしないのとでは、非常に違うんです。能率ばかりじゃなくて、精神状態も非常に違います。それには案外少時間の安眠熟睡を得れば足りるのです。精神的不安を持っておると、どうしても熟睡がしにくくて、眠りが浅くなりますから、惰眠の時間が長くなります。そこで毎晩よく眠れるか、安眠熟睡ができるかどうかということを点検するということは、非常に意味があります。

アメリカのある大学の心理学の研究室で、大学生の生活調査をやった報告を見ましたが、その中で、やはり飲食や睡眠を調べておりました。その報告を見ますと、いわゆる惰眠が多い、不安眠が多い。本当に規則正しい生活をして、学問や運動に打ち込んで、安眠熟睡、黎明即起、醒後需恋せざる者は寥々たるもので、たいていは惰眠党であります。大学生時分はそれでよろしいが、社会人、事業人になりますと、これは非常に注意しなければならんことであります。

第三は、自分の心身に悪影響を与えるような、悪い習慣はないかということです。朝、起きると、亀の子みたいに寝床から首出して、タバコをすぱすぱやりながら一向起きないとか、夜遅く晩酌やりながらくだまいているとか、麻雀やって、またしても夜明しするとか、いっぺん銀座通りをうろついてこんと本が読めんとか、案外人間にはつまらん習慣があるものです。そういう悪習慣のあるなし。

第四は、適当の運動をしておるかどうか。この運動というものは、その人によって、かなり過激な運動もいいし、場合によっては柔軟運動もいいし、また場合によっては静座、調息といったようなものもいいし、運動というものは、その人に適したものでなければなりません。運動そのものがいかにいい運動であっても、その人にいいとは限りません。自分自身に適当な運動をしておるかどうかということ、これが第四。

悲観と興奮は心の病

第五は、こういうことに気をつける。自分は生活上の出来事に一喜一憂しやすくないか、つまり、日常の出来事に軽々しく感情を乱されるというようなことがありはせんかということです。特に非常に悲観したり、落胆したりするような、エキセントリックなところです。妙にぺしゃんこになったり、妙にうきうきしたりといったような、特に、そのうちでも悲観したり、落胆したりしやすくないか。

第六に、特にすぐ悲観したり興奮しやすいというのは病的で、事を成すに足りません。こういう人は環境に支配される力が強いですから、容易に自己の主体性を失いがちである。外物に動かされやすい。伝染病にかかりやすいのと同じことです。

そこで第七に、たとえそういう精神的動揺があっても、仕事は平常の通り、続けうるかどうかということを実験する、吟味する。そういう感情上の動揺があっても、仕事は平常の如く続けられるというのは、それだけバックボーンができておるのです。

第八は、似たようなことですが、昨日の失敗のために、今日の仕事が妨げられないでいけるという実験、終始一貫していけるか、ちょっとした失敗で、すぐにその仕事が嫌になるというようなことがないかどうかです。

それには第九、絶えずこういうことを自分で反省し、修養する必要がある。それは毎日の仕事に自分を打ち込んでおるかどうか。我々は案外精神が散乱しやすいもので、ものに打ち込むということは非常に難しいことです。東洋哲学で言うと「止」という言葉がある。これは「とどまる」といいますけれども、これは、ものに打ち込んで一つになるという文字です。だから「止観」という言葉があるでしょう。ものに打ち込んで、ものと一つになると、そこから本当の叡智というものと、直観力が出てくる。

二、三日前、お役人たちと雑談しましたが、そこに一人事務の達人がおりまして、これが一杯機嫌での話に、「自分は回ってきた書類を掴むと、大体、これはいいか悪いかということが分かる」。「そんな馬鹿なことがあるか」と言ったら、そばの人も、「分かる」と言っていた。それは仕事に打ち込んできた経験が、だんだん直観力を発達させたのです。

そういうことをいうと自慢のように聞こえますが、私どもは絶えず思想的な書物を、始終、何十年も読んできていますから、思想的な本ならば、本屋の前で新刊書を手に取ってパラパラとめくると、この本はいいか悪いかということがすぐ分かるんです。これはつまらんなと思ったら、読んでみたら必ずつまらん。これは面白そうだと思って読んでみると、必ず面白い。そういうような直観力というものは、私だって経験いたしますから、大家はきっと回ってきた書類を握れば分かるんでしょう。また、そうでなければいけない。果物屋は、たとえば柿の木を見て、いくつ成っておるかということを大体当てます。それで、ちぎってみると、五つか六つぐらいしか違わない。機械の熟練技師は機械を一々分解しなくても、機械が、どこが悪いということを訴えるといいますが、本当に分かるんです。

すべてそこまでいかなければいけないので、それには仕事に打ち込んでいるかどうかということを吟味すると同時に、第十番目に大事なことは、自分は仕事にどれだけ有能であるか、自分はどれだけ今の自分の仕事に役に立つか、こういうことを絶えず実験してみる必要がある。ところが、案外自分は仕事に役に立つ能力がある、有能である、有能でないという判断が当てにならん。しばしば我々は、とんだ錯覚、浮気がありまして、自分の柄にもないものを、いわゆる〝下手のよこ好き〟ならまだしも、柄にもないものが好きで、興味があるということと、能力があるということとは違うのに、よくそれを錯覚する。えてして自分の本来の能力を意識しないで、自分の本来の能力でもない、そういう自分に実は不適当なことの方へそれる。だから、本当に自分はこの仕事に適しておるか、役に立つかどうかということは、案外冷静に、克明に吟味して、容易に断定することのできない問題です。自分がこの仕事にどれだけ役に立つか、有能であるかということは、大いに吟味する必要がある。

第十一番目に、現在の仕事は自分の生涯の仕事とするに足りるかどうかということを、また研究する必要がある。もし生涯の仕事とするに足りんと思われれば、できるだけそれを生涯の仕事にするに足りるよう研究をするか、何かそこにまた落ち着いた正しい工夫と努力とを要する。我々の心構えと努力の如何によっては、どんな小さなことでも、生涯の仕事とするに足りる。

この間、大いに笑ったのでありますが、最近、葉緑素が非常に盛んですね。アメリカは特に大量に消費するようになっており、頭の先から足の先まで葉緑素時代です。専門家の話を聞きますと、去年ニューヨークだけで、半年間に五千トンを使っておるそうです。たいしたものですね。そこで日本も負けず劣らず、最初ホウレン草から取っていた。ところが、トラック一台のホウレン草で、葉緑素がほんの一グラムしか取れない。二万円ぐらいコストがかかる。これじゃとてもいかんというので、だんだん研究しましたところ、偉大なるものを発見した。蚕の糞であります。この蚕の糞は英米の牧草の中に含まれておる葉緑素の十倍分ぐらいの含有量がある。日本は蚕の糞が現在百万トンぐらいはあるようです。そのうちから大体七%ぐらいは取れる。今、取っておるのは四%ぐらいですが、それにしても何万トンというのが取れるわけです。

現在のアメリカにおける葉緑素の値段をぐっと下げて日本から輸出しても、仮に一万トン生産して、これを送ったら、大体、今日の日本の国家予算程度の収益がアメリカからある。これが発達すると、絹はもう副産物になって、木綿同様の値段にすることができるというわけで、蚕の糞、蚕糞様々というわけで、しかも葉緑素を抽出した残りは「ふすま」と同じほどの成分を持っておる。まことに絶好の飼料になる。農家から一貫目百円で買い上げまして、葉緑素を抽出した残りを乾燥して飼料にして、ただ返してやっております。

まことに「天に棄物なし」、天に棄てるものはないのです。蚕の糞でも研究すれば、一生の仕事にするに足りる。蚕の糞がそうですから、人間は……。今、人間の糞も研究しておるそうです。これが発達するとたいへんなことで、人を罵るのに「糞たれ」と言うことはできなくなります。「糞づまり」とでも罵りますか。

心がけの如何によっては、どんな仕事でも、一生の仕事とするに足りるに相違ないのです。心構えが悪いと、どんな立派な仕事でも、その場の仕事で、一生の仕事にならないということになります。これは大問題です。

四つの忍耐――退屈に耐えることの難しさ

第十二は、仮に自分の仕事がどうしても自分に合わぬ、自分の生活が退屈であるとすれば、自分の満足を何によって得るかという問題、しからば、いかにすれば、あるいは、どういうことが自分の心を満足させる仕事になるか、これを考えてみる。我々は退屈するということは案外いけないことなんです。我々が働くことによって消費されるエネルギーよりも、退屈することによって消費されるエネルギーの方が大きい。退屈するということは非常に疲れることであり、毒なことであるということが、最近、医学的にはっきり実験、証明されております。だから、その意味においても、我々は退屈をしてはいかん。あくまで敏、敏求、敏行でなければならん。

昔から「四耐」という言葉があります。四つの忍耐、一つは冷やかなることに耐える。人生の冷たいことに耐える。第二は苦しいことに耐える。第三は煩わしいことに耐えること、第四は閑に耐える。この閑、退屈に耐えるということが一番難しいことです。「小人閑居して不善をなす」というのは名言であって、そこで退屈せんように、もし、仕事がどうしても自分に向かんという時には、どういう仕事をすることがいいかを調べる。

そこでその次、第十三、とにかく自分は日常絶えず追求すべき明確な目標を持ち続けておるということです。そういう思索や反省と同時に、差し当たり毎日、今日はこれをしなきゃならん、それからあれをやるんだという、絶えず追求すべき明確な目標を持っておるかどうか。もっと突っ込んで言えば、とりあえず明日何をせねばならんという問題を持っておるかどうか。今日はもちろん、とりあえず明日、少なくも明日、これをやらなければならんという問題を持っておるかどうか。

第十四は、自分は人に対して親切であるか、誠実であるかどうか。ちゃらんぽらんで人に付き合っておりやしないか。常に人に対して誠実であるかどうか。これは重大な問題です。事業人として、社会人として、一番その信・不信の分かれるところは、人に対して誠実であるか、ちゃらんぽらんかということですね。あいつはちゃらんぽらんだということになると、これは能力があっても駄目であります。多少愚鈍であっても、誠実であるということは、必ず社会的生命を得るのです。

第十五に、自分は自分に対してやましいことはないかという問題。人はともかくにも、自分が自分に対して、やましいことは何かないか、これは安眠熟睡にも影響する問題です。

第十六に、自分は人格の向上に資するような教養に努めておるかどうか。人間をつくる意味の教養に努力しておるかどうか。我々はいろいろ本を読んだり、趣味を持ったりするけれども、案外人間をつくるという意味での学問・修養ということはなかなかやれんもので、とにかく義務的な仕事にのみ追われて、なかなか本格的に人格の向上に役に立つような修養に努力する、何よりもそういうことを心がけることは、少し忙しくなってくるとできにくいものであります。それをやっておるかどうか。

十七番目には、将来のための何か知識・技術を修めておるかどうか。つまり何らかのエキスパートになる努力をしておるかどうか。昔から「芸は身を助く」と言いますが、我々は人間としてよくできておると同時に、何か一芸を持たなければならない。つまりエキスパートであるということは、我々が社会人としての生命を確立するに非常な大事な条件です。あの人でなければならんという、何か一つを持っておることは、非常に強みであります。少なくともつぶしの効く人間になる。それだけの素養を持っておる、いや持っておるのではなくて、磨くということです。

それから最後に、これは非常に深い問題であるが、自分は何か信仰とか、信念、哲学というものを持っておるかどうか。これは一番人間としての根本問題です。その人から地位だの身分だの、報酬だのというものを引いてしまう、あるいは親子だの妻子だのというものを引いてしまうと何が残るか、何も残らんということではいかんのです。一切を剥奪されても、奪うべからざる永遠なものが何かあるという人間にならなければいかんのです。それには、突き詰めたところ、何らかの信仰なり、信念、哲学というものを持っておるということは、尊いことであります。そういうものを自分は持っておるか、持とうとしておるかということ。

これはただ十八箇条でありますが、これは私自身が考えついたことではなく、いろいろの方面での研究・調査の総合的結論です。こういうふうにして皆さんが自分という人間、自分の日常、自分の仕事、自分の内面生活、そこで自然に自分の環境、社会情勢というものにも活眼を開くようになり、そうして修養してゆかれたならば、自分というものを容易に麻痺させたり、若朽させせないで、どんどん進歩していくことができる。こういう心構えを持たずに、うかうかしておられると、容易に現代の複雑な、非常に恐ろしい社会的魔力のために束縛されて、案外自分を駄目にしてしまう。これは冷厳なる事実であります。

これだけ調べてみますと、自分というものがはっきり出てきましょう。人間は修養しなければならないとか、教養をつけねばならないとか、いろいろ漠然たる抽象的用語は使いますけれども、案外に具体化ということになりますと、掴みどころがないものであります。人間生活は、やはり具体的で明確でなくてはならない。幕末の落首に、「世の中は左様でござる、御尤も、何とござるか、しかと存ぜず」というのがあります。今日も同様です。マルクスが流行してくると、皆マルクス、マルクス。左様でござる、ごもっともで。――ファッショの時もナチの時もそうでした。そこで「何とござるか」と突っ込まれますと、実は、「しかと存ぜず」です。これ、いわゆる主体性の喪失、自己の喪失であります。

人に嫌われぬための五箇条

しかるにまた、世の中には有為・有能な人物であるにかかわらず、人に好かれぬというような人もおります。そういう人間について矯正法があります。こういう人物は必ず何か人に好かれぬ癖があるものなのです。そこを直せばよい。

一、初対面に無心で接すること。

有能な人間ほど、とかく慢心や偏見がありまして、どうしても有心で接する。これはいけない。どんな人にも初対面に無心で接せねばならぬ。

二、批評癖を直し、悪口屋にならぬこと。

三、努めて、人の美点・良所を見ること。

四、世の中に隠れて案外善いことが行なわれているのに平生注意すること。

これは自己を明るくし、社会観を明るくします。実存主義者の反対です。

五、好悪を問わず、人に誠を尽くすこと。

これはアメリカのピッツバーグ大学の教育調査資料から採ったものです。良い社風はこういう点からもできましょう。

八観法——ダイナミックな人物観察法

東洋には、人物観察法の面白い材料がたくさんあります。その中の優れた例といたしまして、『呂氏春秋』にある八観法をご紹介しましょう。

一、通ずれば、その礼するところを観る。
少し自己がうまくいきだした時に、どういうものを尊重するか。金か位か、知識か、技術か、何かということを観るのです。
二、貴ければ、その挙ぐるところを見る。
地位が上がるにつれて、その登用する人間を見て、その人物が解るというものです。
三、富めば、その養うところを見る。
たいていは金ができると何を養いだすか。これは誰にも分かりよいことです。たいていは着物を買う、家を建てる、骨董品を集める——決まりきっています。
四、聴けば、その行なうところを観る。
聴けば、いかに知行が合一するか、あるいは矛盾するかを観る。なかなか実行となると難しいものです。
五、止まれば、その好むところを観る。
この「止まる」は俗に言う「板についてくる」の意です。
六、習えば、その言うところを観る。
習熟すれば、その人の言うところを観る。話を聞けば、(学問がどの程度身についているか)その人の人物・心境がよく分かる。

七、貧すれば、その受けざるところを観る。
貧乏すると何でも欲しがるというような人間は駄目です。
八、窮すれば、そのなさざるところを観る。
人間は窮すれば何でもやる、恥も外聞もかまっておられぬ、というふうになりやすい。

この八観は、書物によって少々文字に異同がありますが、意味はたいした変わりはありません。以上、八観は実に具体的な、ダイナミックな、人間の観察修養に非常に良い指針であると思います。

六験法――感情を刺激して人を観察する法

また、人間を最もよく表すものは感情であります。人間の智の働きというものは案外当てにはならないもので、理屈というものは、一応何にでもつきます。胸に一物あれば理屈を勝手次第につけられるもので、理屈は全く当てにならない。馬鹿のことを痴と書いて、痴とか癡とか書かぬのも面白い。国語のしる者(知者)、しれ者(痴者)の関係も同様です。

パスカルは、「感情とは、心の論理だ」と言っております。
心理学者は感情を説明して、「自我の状態の意識である。自分というものがありのままに現れるものが感情である」と説明しております。

したがって、感情の働き方から人を観察試験してみますと、その人物が実によく解るものであります。秀才だからといって、その人間が必ずしも社会に出て役に立つとは限らない。案外一歩世の中に出ると、役に立たぬのが多い。その意味で人を観察試験する「六験」(『呂氏春秋』にある)を紹介します。

一、之を喜ばしめて、以てその守を験す。
喜びというものは、我々の最も本能的な快感であります。人間は嬉しくなると羽目を外す。しかし我々には、外してならぬ枠がある。これが守です。ところが、いい気になって軽々しくこの枠を外すと乱れてしまう。

二、之を楽しましめて、以てその僻を験す。
喜びの本能に理性が伴うと、これを楽と申します。人は公正を失って偏ると物事がうまくいかない。僻する人間はいろいろのことに障害が多いものであります。

名前を言いますと語弊がありますので控えますが、ある実業家が——この人は、非常な頼山陽《らいさんよう》の愛好者であったのであります。

その人をうまく利用しようという、なかなか利口な油断のならぬ男がありまして、どこで手に入れたか分かりませんが、その社長の飛びつきそうな頼山陽と田能村竹田《たのむらちくでん》との合作の扇子を手に入れまして、社長に見せたものです。それを一見するなり、「これをわしに譲ってくれまいか」と、案の定《じょう》懇請しだしました。そこで彼は、わざともったいぶって、「これぱかりはいくら貴方でもご免だ」と逃げてしまった。さて、はっきり断られると、ますますどうもその扇子のことが忘れられない。それからその男の顔を見るたびに、あれを俺に譲ってもらえまいかと頼んだものです。

さんざんじらしておいて、その男はある時、頃合いよしと思ったか、その社長に、「それほどお好きなのですか。それほど貴方がお好きならば、私なんかが持っているよりも、貴方が持っておられた方がよほど山陽も竹田も瞑するでしょうから、貴方に差し上げましょう」と言って、その扇子を惜しげもなく与えてしまいました。喜んだの喜ばないの、その社長は「済まん済まん」と言って感激措《お》く能わず——とうとうその人間の言うことを無条件に聞いてしまったそうです。

これ「楽しましめて、以てその僻を験す」であります。

いま一つの例を申しますと、昔、枢密院の一番難物で通った老大家（伊藤巳代治）がありますす。枢密院も政府の鬼門であるが、この人は鬼門中の鬼門でした。ところが原内閣の時です。内閣がこの人に困らせられる問題がありました。そのことを総理の原さんに言いますと、「まてまて俺に一策がある」――こう言って彼は、かねがねその人がいつも出かける骨董屋に使いをやって、この人の今、最も欲しがっておるものは何か、と聞かせてみたところが、その主人が、「今、店に素晴らしい壺がある。それを三日にあげず見に来られるが、値が張るのでなかなかお買い上げにならない」――ということを調べてきたのであります。

そこで原さんが、早速その壺を取り寄せました。もとより彼は、そんな壺にはちっとも趣味はないのですが、とにかく、それを自分の応接間に置きまして、その人を招いたのであります。

そんなことは夢にも知らないその人が応接間に入ってきまして、その壺を見てびっくりしたことは申すまでもありません。そして、つくづくそれを見入って、原さんが部屋に入ってきても気がつかない。ろくろく挨拶もしない。そして原さんに「君はどこでこれを手に入れたか知らんが、たいしたものだ」と言って、帰りがけにもまた眺めている。原さんは「こんなものは貰ったもので、私には猫に小判です。そんなにお気に召したらお持ち帰りください」と言って、秘書を呼び、その壺を惜しげもなくその人の自動車に積み込ましたものです。喜んだのはこの人で、絶望視されていた厄介な問題が枢密院を難なく通ってしまったそうであります。

これは原さんの側近の人から直々聞いたものでありまして、大いに笑わされたのでありますが、これも「楽しましめて、以てその僻を験す」ものです。しかし、こういう手はあまり用いん方がよろしい。

三、これを怒らしめて、以てその節を験す。

怒りというものは、非常に破壊力を持っておる。感情の爆発ですから、それをぐっとこらえる節制力を持っているのは頼もしい人物です。

四、これを懼《おそ》れしめて、以てその独を験す。

この「独」とは絶対性・主体性・独立性を意味する言葉で、単なる多に対する孤独の独ではない。

五、これを苦しましめて、以てその志を験す。

苦しくなると理想を捨ててすぐに妥協するような人間は当てになりません。

六、これを哀《かな》しましめて、以てその人を験す。

悲哀はその人柄全体をよく表します。

この六験を通じて見ますと、人間が実によく解るのであります。世の中というものは盲千人ですが、目明きもまた千人。案外なところに目が光っている。すなわち人は見ておるものなのです。ごまかしのきかぬものであります。これを自分に応用すれば、非常に自己、人物の陶冶になるわけであります。

とにかく、世界の優れた人々がほとんど結論を同じうしておりますように、結局、将来を決定するもの、大にしては文明、小にしては国家であろうが、会社であろうが、すべて将来の運命を決定するものは、その集団、その組織に参加する個人個人が自己を磨いて、そして、その磨かれたる自己を以て、いかにその集団に参加し、その影響を受け、また、それに影響を与えていくかにあるのであります。

先ほども申したように、皆さんが会社に入られて、その社員としての自己というものをいかに磨き上げて、この会社の社風の影響を受けると同時に、さらに今後、会社にいかに良い影響を与えていくか、社風をつくり上げていくかということが大切な問題です。

最初に申しましたように、今日皆さんが学校を出られて、これを「卒業」と考えないで「カメンス」だと考え、会社をまた一つの大きな学校、道場と見て、大いに自己を磨かれ、それによって、この社風とこの事業をますます隆盛にしていただきたいのであります。私は、心から皆さんの門出 Commencement のはなむけにこの言葉をお贈りするものであります。

若さを失わず大成する秘訣

自己の殻、仕事の殻、会社の殻

今、皆さんは学窓を離れられたばかりであり、新しく社会に一歩を踏み入れられた時でありますから、非常に希望に燃えて、いろいろの計画・理想を抱いておいでになりましょう。俗な言葉で申しますと、なお多くの夢を持っておいでになるだろうと思うのであります。その時、私の話は、考えようによっては冷水を掛けるようなことになるかもしれませんが、冷水ではなくて、きわめて栄養のある飲み物のつもりであります。

人間は「始めあらざるなく、終わりある鮮《すくな》し」ということがありまして、とかく「始めは脱兎、終わりは処女」ということになりかねない――と言うよりも、むしろそうなりがちなのであります。

禅家にも「関《くわん》」という言葉がありますが、「喝《かつ》」とか「咄《とつ》」とかいうことはよく知っていますが、関という言葉は、わりに一般の人は参禅でもされないとご存じないかもしれません。禅家では関という一語をよく浴びせかけるのであります。

関とは字のとおり関《せき》ということであり、すなわち、引っかかり、行き詰まりであります。人間の一生は、特に若い人が考えているように、なかなか坦々たる大道ではありません。思いがけないところで、しばしば行き詰まりにぶっつかるのであります。人生は、しばしば出会わねばならぬ関所を幾つも通り抜ける旅路であり、そこで一関、二関はうまく抜けても、三関、四関となると、往々にして、その関所を通ることができず、挫折する、引き返すということになりがちです。そこが関所だ！　そこを通り抜けろ！　という意味で、よく「関」ということを指示するのであります。辛抱して、努力して関を何関か通りますと、特に難解難透というようなことを禅僧がよく申しますが、難しい、解き難い、通り難い、すなわち、難解難透の関《かん》をいくつか通りますうちに、ついに真の自由——古い言葉で申しますと、無碍《むげ》自在というような境地に到達して、すなわち「無関に遊ぶ」こともできるようになります。

最初が非常に大事であります。のみならず、そういうことがあるものですから、人間というものは、とかく意外に早く成長進歩が止まるものであります。言葉を換えて言うと、小成に安んじがちであります。もっと平たく申しますと、案外早く若さを失うものであります。早く年をとるものであります。いわゆる世帯じみるのです。

これは青年時代にはちょっと分からないと申してよい。案外早く年をとってしまうとか、若固まりになってしまうとか、若朽するとか、若朽とまではならずとも、まあまあ平々凡凡になってしまう、といわれても〈そんなことがあるものか〉と思うのですが、事実、多くの人々は案外早くそうなるのです。人間は小成に安んじないよう、意外に早く固まってしまわぬように、伸びが止まらないように、いつまでも若く、いつまでも伸びていく、いつまでも進歩発展していくことが大事なので、若い時に成績が良かったということよりも、いつまでも年をとらない、いつまでもよく伸びていく、年と共によく変化していき、途上の難関を幾関か通って無関に遊ぶということが大切なのであります。

「始めありしことはもとよりのこと、終わりをもまた善くする」ということが、いかに人生にとってめでたいことであり、また難しいことであり、尊いことであるか、これは、よほど苦労せぬと分からぬことであります。そこで、昔からいろいろの意味で若さということを皆が羨ましがる。

俗談をいたしますと、めでたいことによく海老《えび》を使う。たいていの人は海老は腰が曲がっているから、男女が仲良く腰が曲がるまで揃って長生きをすることぐらいの意味にしかとらないが、少しく哲学する専門家の意見を聴きますと、そういう意味ではなく、海老は永遠の若さを象徴しているというので、めでたいものとされるのです。というのは、あれは生ける限り何時までも殻を脱ぎ、固まらない。ことに万物がぼつぼつ固くなる秋に、彼は殻を脱する。生ける限りよく殻を脱いで固まらぬ、いつまでも若さを失わない、よく変化していくという意味で、海老はめでたいのである。とすると、なかなか面白い真理を含んだものです。私は海老を食べると、いつもこれを思い出すのであります。

なるほど、それは実に難しいもので、自己の殻はなかなか脱せられないものであります。自己の殻、学問の殻、仕事の殻、会社に入れば会社の殻、役所に入れば役人の殻から、なかなか脱けられぬものであります。これが脱けきらぬと、人間が固まってしまう。

心に一処に対すれば、事として通ぜざるなし

そこで、しからばどうすれば一体この小成に陥ってしまわないか。いかにすればいつまでもよくいろいろの殻を脱して、若さと変化とを得ていくことができるか。いかにすれば、いつまでも進歩向上していくことができるか。その心がけがまず大事でありますが、これに一番良いことは、第一に絶えず精神を仕事に打ち込んでいくということであります。純一無雑の工夫をする。純一無雑などと申しますと古典的でありますが、近代的にいうと、全力を挙げて仕事に打ち込んでいく、ということであります。

人間に一番悪いのは雑駁とか軽薄とかいうことでありまして、これは生命の哲学、創造の真理から申しましても明らかなことでありますが、これほど生命力・創造力を害するものはありません。また生命力・創造力が衰えると、物は分裂して雑駁になるものでありますこれがひどくなると混乱に陥ります。人間で申しますと自己分裂になるのです。そこで絶えず自分というものを何かに打ち込んでいくことが大切であります。

アメリカ人は近代になって非常な繁栄をいたしましたが、あるフランスの評論家が、「もちろんアメリカにも良いところも悪いところもあるが、とにかく感心させられることは、アメリカ人に『君たちは何を生き甲斐にしているか』と聞くと、ほとんどがjob（仕事）だと答える。仕事というものに自分を打ち込んでいく。そうすると自分も生き、仕事も生きる。人と仕事が一つになって伸びていく、それがアメリカ人の実に良い点である」と言っておりますが、これはたいへん面白い観察であります。たしかにアメリカ人にとって然《しか》りとするならば、実に良いことであると思います。

孔子もそういうことを言っております。「無感激に漫然と無駄に暮らすよりは、博奕（碁、将棋などといった賭け事）でもかまわぬ、それを夢中にやっている方がまだよろしい」と。いかにもその通りであります。何ものにも真剣になれず、したがって、何事にも己を忘れることができない。満足することができない、楽しむことができない。したがって、常に不平を抱き、不満を持って何か陰口を叩いたり、やけのようなことを言って、その日その日をいかにも雑然、漫然と暮らすということは、人間として一種の自殺行為です。社会にとっても非常に有害です。毒であります。

　さっき禅の話を申しましたが、もう一つ、これは禅ばかりでなく、仏教人においてよく知られておる言葉でありますが、

「心に一処に対すれば、事として通ぜざるなし」（「対心一処無事不通」）

という名言です。「心に一処に対す」ということが勘どころです。我々は、今のように自己と仕事というものが分裂していては駄目なのです。自己というものを本当に仕事に打ち込んでいく、そうすると、自分の対象である仕事は、自己と一つになることによって精神化される、すなわち対象に魂を入れる――これが「対心一処」であります。

　しからば物に対する――事に対するのではない、事物と自己とが一つになることによって、対象はすなわち自己になる。自己が昇華するself-sublimationというもので、そうすると、どんどん物事が解決していく。これがいわゆる「事として通ぜざるなし」であります。

　まず第一に、我々がどこまでも若朽しないためには、「対心一処、無事不通」で、アメリカ流に言えばjobです、自分を仕事に打ち込んでいく――絶えずこういう習慣をつける

ことであります。

専門家ほど〝居眠って〟いる

それから、さらに有効な第二の心がけは、交わりということです。交際、交わり、付き合い、これを絶えず注意することであります。

物には慣性というものがあります。人間には因襲というものがある、いわゆる型というものがあって、同じような人ばかり、同じようなことを考え、同じような話をし、同じようなことを繰り返してやっておりますと、非常に単調になる。単調になると、これは人間の習慣性で、生命、精神が鈍ってくる、眠くなる。人間が眠くなると溌剌たる創造性を失ってくる。

私がかつてドイツに参りまして、あのドイツ自慢のヒットラー道路（アウトバーン）というものに非常に驚いたのであります。いかにも堂々たる大道路が真っ直ぐに延びている。このヒットラー道路のおかげで、今度の大戦争に電撃戦というものをドイツに可能ならしめたのであります。ちょっと考えれば、道路もこうなれば交通事故などというものはないだろうと思われるのですが、さて実際になりますと、この大道路でしばしば交通事故が起こるのです。それで初めて分かったことは、あまり単調なものでありますから、運転手が居眠りをする、そこでありうべからざる衝突などの事故が起こる。

やはり少しく紆余曲折が必要なのです。そこで仕方なく、ロータリーのようなものを造ってみたり、木を植えたり、いろいろ人間の精神を刺激するよう工夫をしまして、初めて事故を防げるようになったということであります。そこで、ああいう道路を走る時には絶えず運転手に話しかける必要があります。日本と反対です。運転手を眠らさないようにする必要があるわけです。ところが、運転手より先にこちらが眠くなってしまう、そのことを注意されたものでありますから、私はずいぶんドイツを自動車旅行いたしましたが、そういう道を走る時には絶えず運転手に話をしたり、冗談を言ったりして、お互いに眠らないように、眠らさないように苦労したものであります。

そういうように、我々には適当な刺激と変化というものが要ります。

これを応用いたしますと、こういう一流の大会社に入られると、あまり栄枯盛衰常ならざる群小会社のような心配がない。したがって刺激がない。ちょうどヒットラー道路を走るようなもので、じきに皆さんが眠くなる、居眠りを始める、ということがありうる。いや、大いにあることであります。

絶えず自己を眠らさないためには、ここにおいてグループ、交友を慎むことであります。その交友には、できるだけ変化のあることが必要なのです。そこで自分とは専門違い、畠違いの良友を持って、絶えず変化のある話を聴くことであります。これは実に有効です。つまり、いつも同じような人間が集まって、同じようなことを考えて、同じような話をして、同じようなことをして終わってしまわないように、努めて変わった人に会って、変わった話を聴いて、変わった考え方を教わって、そして自分を生かしていくのです。

ところが、たいていの人は、その会社内、その課内、官庁の同じ部局というように、同じような人間だけが集まって sectional になる。sectional になると、今のように、考えも言葉も行為も、皆同じく型にはまってしまう。そうすると眠くなる。同じ会社の内におっても絶えず良い意味において変わっている交友を持つ。会社におるならば他の課、官庁とか、あるいは思想界とか芸術界とかの変わったところの交友を持つように心がける。自分を絶えず変化させる、弾力あらしめるように心がけられると皆さんのおためになります。

この間、タバコ通からタバコの話を聞きましたが、薩摩キザミなどの非常に良いタバコになりますと、絶えず古い葉と新しい葉とを交互に合わせるのだそうです。古い葉は古い葉、新しい葉は新しい葉というように分けてしまうと、どちらも駄目、これも面白い話です。ところが人間は、とかく若い者は、あんな年寄りは駄目だというわけで、若い者だけ集まる。年寄りは年寄りで、あんな若僧の話を聞いてもしようがない、と年寄りだけ集まる。タバコで申しますと古葉と若葉とが別々になるのです。そうすると、若いのはコクがない、本当の意味の味がない。古い葉はこれまた新鮮味がない、若さがない。両方駄目です。だから若い者は年寄りと努めて接触する、年寄りは努めて若い者を近づける。

普通の家庭でいうと、おじいさん、おばあさんが孫と一緒に暮らすということは、そういう意味で非常に良い。夫婦、親子、祖父・祖母、孫、曽孫が一緒に暮らすということは、生命の原則からいって非常に良いことなのです。ところが、どうもそれを嫌って、隠居は隠居同士、若夫婦は若夫婦同士というように分かれると、実際はいけない。

なんでも真理は同じことであります。学問でもさようであります。漢学者は漢学の本ばかりを読んでいる、漢学者とばかり付き合っている。国学者は国学の書物ばかり読んで、同じ国学者とばかり付き合っている。英文学者は英文学者、ドイツ哲学者はドイツ哲学者とばかり、法律家は法律家、皆自分の専門、専門というところにばかり立て籠もって、象牙の塔の暮らしをしておりますと、実に早く思想が駄目になる。頭がこわばってしまうのです。そこで、思想・学問の秘訣は努めて専門外の人たちと適度の交流をすることです。

私は、子供の時から主として禅とか陽明学とかいったような、いわゆる漢学で育った。政治家になるつもりでしたが、学問の方が面白くなって、とうとう半生を学問に没頭してきてしまいました。前述のことに気がついてから、私は、努めてできるだけの時間を割いて西洋の哲学、その他の思想に注意してまいりました。どちらかといえば、漢学の注釈を漢学によらずして、西洋の思想・学問に求める。それから、それも西洋の学問にしても漢学にしても、参考は努めて同じ系統の思想、哲学によらずして、思わぬ他の専門を利用する。たとえば医学でありますとか生物学でありますとか、あるいは光学であるとか、たまには数学・力学などが非常に参考になる。〈あれは俺の専門外であるから、あんなものは関係がない〉などと考えるのは、これは一番浅薄な頭脳です。

往々にして、いわゆる専門家というものは居眠っているのであります。ヒットラー道路の運転手と同じことであります。案外、型にはまって満足しているのであります。

ですから、専門外というものを、専門に結びつける。今までのような、分析、解剖anatomyではなく、綜合。専門と専門の交流、綜合というものが学問においても必要でありますが、それは我々の交友というものにおいてもやはり然《しか》りで、ケチな考えで〈あいつは畠違いだ〉というようなことを考えてはならないのであります。「専門外だ」ということを軽々に言ってはならないのであります。むしろ専門外こそ専門内で得ることのできないものを得られるのだ、というだけの心構えをお持ちになる方がよいと思います。

人間修養の書

もう一つ大事なこと、皆さんが失われてはならないことは、読書ということ、良い書物を読む習慣です。これは若さを失わないためにも、また自己というものをどこまでも伸ばしていくためにも、自己の人生というものを豊かにする、深くするためにも、これは最も必要なことで、絶えず読書をする。この読書も、もちろんつまらない書物を読むことは頭を雑駁にすることであって、かえって有害でありますが、良い書物は人生というものの味をつけ、光を与える、力を増すものです。問題は良い書物をいかに読むかということです。

およそ真の教養とは、人類の有する偉大な著作に親しむことによって得るものです。そこで昔から優れた定評のある良い書物を少しずつ読むことであります。専門の知識・技術の書物を調べるのとはまた別であります、それはある意味で一つの business であります。そうではなく自分の専門外、専門内ということを超越した、人間としての教養の書、人としての哲学の書、修養の書というものを、注意して毎日たとえ三枚でも五枚でも、そういう書物を必ず読むようにする。いわゆる座右の書を持つということであります。

たとえば、東洋で言いますと『論語』であるとか『孟子』であるとか、西洋で言うならば『バイブル』であるとか、あるいは、それに刺激がなければもっと個性的な、個人的な、たとえば佐藤一斎の『言志録』であるとか、熊沢蕃山の『集義和書』であるとかいったようなものが注意すれば数限りなくありましょう。

西洋でもプラトンのものであるとか、スピノザのものであるとか、あるいは私が好んで読みますのはスイスの有名な日記を著わしました、『アミエルの日記』（岩波からも出ております）、それからヒルティ。私はアミエルよりはヒルティの方が、はるかに好きであります。よくフランスでは例のパスカルやモンテーニュも尊ばれますけれど、何でも自分の好きな本当に自分に響くような偉人の書物、人間教養の偉大な古典、現代のものでもそういうものがあれば結構であります。

　絶えず現在および将来に正しい警告や良さを与えてくれている時代の先覚者の書物、最近の二、三の例を挙げますと、ガクソット。フランスの歴史家として有名なガクソットが『フランス革命』という本を著わしております（昭和二十六年に翻訳出版）。これなどは従来のフランス革命の見方に一つの転機を与えたといわれる良い書物であります。イギリスのトインビーの『歴史の研究』や『試練に立つ文明』などもよろしい。

　翻訳されましたが、ハーバード大学のブリントン教授がThe Anatomy of Revolution『革命の解剖』という本を出している。これはイギリス、アメリカ、ロシアおよび例のフランス革命、この四つの革命を比較研究いたしまして、どうも現代人は革命といいますと、盲目的に、あるいは先入観的に、何か進歩的なこと、未来に何ものか良いことを約束するものの如き錯覚があるが、革命にもいろいろあって、ただ一途に革命というものが進歩的・理想的なものであると考えることは間違いで、今までのこういう多くの革命の事例を比較研究してくると、いかなる場合にも、たとえそれが非常に良いことであっても「革命で得るところは失うところを補わず」、むしろ失うところがはるかに、恐ろしく大なるものがある、だから革命というものに対しては、よほど冷静に注意をしなければならないことを厳密な科学的研究から結論を出しています。今までの煽動的な革命論議とは違い、こういうものを読むと実に真面目です。

いわゆる日本精神に基づく思想学問を古代から調べてきますと、国体に関して「革命」「維新」ということを峻別しています。そして、革命にしてはならない、維新でなければならないということを力説しています。そこで日本では「明治革命」とは言わず、「明治維新」「大化の改新」というふうに言うのです。そのことは、ひとり日本の思想ではなくして、シナの根本的な思想の一つであります。

革命ということは四書五経の一つである『易経』から出ている。維新という言葉は『詩経』から出ている。維新か革命かという問題は東洋哲学の一根本的問題であります。維新か革命かという言葉を、ただ東洋思想として論じても一般の人には興味がありませんが、それを今のブリントンやガクソット等の考え方に照らして比較いたしますと、非常に面白い新注釈になります。

また、これもつい最近出た本でありますが、アメリカでソローキンという世界社会学会の会長をしている学者があります。この人はただの講壇学者でなく、もちろん名前から言ってもロシアの人ですが、ケレンスキーの時の大臣であり、レーニンの革命で捕まって死刑の宣告をされたのでありますが、うまく亡命いたしましてアメリカに逃れ、ハーバードに社会学講座を創設し、今は世界の社会学会の会長です。この人が『現代の危機』という非常に良い本を書いていますが、これはまだ日本で翻訳されていない。ごく最近翻訳されたのは『ヒューマニティの再建』という本であります。これなど見ますと、全く今日の新聞・雑誌に出ている俗論などを完膚なきまでに批判して、非常に読みにくいが良い本であります。

以上は二、三の例ですが、人間として永遠に変わらざる根本的教養の書物であるとか、時代の進行——現代および将来に対する権威ある人々の正しい批判的書物を、たえず心がけて読むことです。なにも学者になられるためではない。事業人になられるのですから、そんな博学多識の必要はない。常にそういう書物を一種類か二種類だけでも見ておられたら充分であります。むしろその方がよい。変な dilettante なんかになられたら、かえって有害であります。そうでなく、絶えずこれを心がけられるということが、本当に皆さんをして永遠に若返らしめる。かつ生ける限り、皆さんの人格を高める。皆さん自身を高めるばかりでなく、皆さんがそうしておられると、知らず知らずのうちに自己の友人や、あるいは後進、どうかすると自分の先輩にすらも案外思わざる感化を与えるものであります。「負うた子に教えられ」といいますが、人の上にだんだん昇って、ついいつとなく安心し、あるいは自己満足しております時、思いがけなく自分の子供のように思っている若者から一つのショックを受けるようなことがあります。そういうふうに良い話などを、ひょっと聞くようなことがありますと、それは実に愕然として悟らされるものであります。これが「負うた子に教えられる」ということであります。本人には分かりませんが、そういうことがよくあります。

そういう意味で、今のような読書の習慣をつけるということは、今まで申し上げましたことの中で最も大切なことかもしれません。ところが、まあ二、三年たってごらんなさい、おそらくそれが実行できない。少し仕事に慣れてきますと、また少し地位ができてきますと、第一、多忙ということが襲ってくる。そうすると、それに伴う疲労というものが加わってくる。人間も、生物も同じことでありまして、活動すれば疲れます。これはもう生理的法則ですから仕方がありません。忙しさ、それに伴う疲労のために、なかなか書物というものは読めなくなる。仕事の上の事務的書類を処理するだけに終わる。あとは、その日の新聞がやっとである。一、二種類のパンフレットぐらいやっと慌ただしく読む、というようなことになる。よほど心がけないというと、この習慣を続けることができない。

人によると、忙しくて、くたびれて、なかなかそんな時間がないのに、そのうえ読書などやったらますます疲れると思うが、これは誤解で、こういう時の読書というものは、実はかえって疲れを癒すものです。頭の転換によって生命の一つのリクリエーションになる。決してそれは疲労の増加にはならない。しかし、なかなかそれができませんで、つい忙しさに追われ、時間がなく、肉体的・神経的な疲労のために容易に読めない。だから年をとるほど、出世するほど、活動するほど、この心がけを持ちませんと駄目です。また、そういう心がけを持って、そういう努力をする者は非常に偉い人です。

この観点から、あれは偉いという人と、あれは駄目だという二種類に人間を分けることもできます。それぐらいのことは楽にできる、と今日皆さんは思われる。しばらくしてごらんなさい、ハッと気がつきます。〈俺はこの頃いけないな、ボツボツ駄目な方に入っていく〉という反省があるものなのです。これは他日どこかで、また皆さんの中のどなたに会わんとも限りませんが、これに対する感想は、どなたからか、五年、十年のうちに聞きうるだろうと思います。

そういう教養方法は、微に入り細を穿っていけば、いくらでもありますが、そんなに細かくやかましく言っても、できるものではありません、したがって、仕事に自己を打ち込む、絶えず変化のある交友を持つということ、いわゆる sectionalism にならない、職業的にならないということ。

第三は、今、言ったように人間的に共通な根本的教育に資する意味の良い書物、現在および歴史の進行に対して、絶えず正しい警告を発してくれているところの時代の先覚者の良い書物、そういったようなものに不断に少しずつ触れている、という意味の読書。この三つは、皆さんにとって失うべからざるものであります。そうすれば、皆さんは必ず自分の価値、生命と品格とを維持することができるし、意外に会社と、その仕事の上にも好影響のあることと確信するのであります。

「気力」を培う養生訓

敏忙人の身心摂養法

精神を溌剌とさせる三つの心がけ

私はやっぱり貧乏は嫌いです。そこで敏忙に決めておるのです。近来特に感ずることですが、誰も皆時局の影響を受けて、つい過労に陥りやすい。いずれの方面においても事務がたいへん繁劇になっておりますし、何かに刺激が強く、不自由が甚だしいので、やはり精神的にも肉体的にも疲れるから病人が多い。「病中の趣味は嘗めざるべからず」という語もあるが、まあ病気はせぬ方がよい。

病気になってから医者よ薬よと騒ぐのは、そもそも末であるばかりでなく、病は医者にかからぬことが始終《しじゅう》、中医（凡庸な医者）にかかっているぐらいの価値がある。「有レ病不レ治恒得二中医一」（病《やまい》ありて治めざれば、恒《つね》に中医を得《う》）というような皮肉な古諺もあるくらい。

それはとにかく医学も予防医学が大切なように、我々も病気の前に、平生の養生、飲食、起居動作から心の持ち方を修めなければならぬ。さすれば、そうそう病気をするものではない。

私なども、よく知人が「どうして蒲柳の質でありながらそんなに続くか、精力がある」と感心されますが、それは何でもない、ちょっとした心がけによるので、ずいぶん不合理、無理をしていても、日常の心がけがよろしいばかりにわりに倒れない、倒れないばかりか、相当、仕事に精力が続く。たとえば、少し不養生をして、心がけが悪い日が続くと、第一、身体の調子はもちろんのこと、夜、勉強しているとあくびが出る。人と話して声が通らない。少し気をつけて身心に微妙な注意を払っておると、夜中まで読書しても一向に倦まない。人と語って声が通る。それほどに平常の心がけがすぐ反応を生ずるもので、ちょっとの注意で案外無事息災にいけて、大きなご奉公の源になります。

まず我々の身心摂養法の第一着手は、やはり先哲の言う通り養神です。心を養うことです。心を養うには「無欲」が一番よいと古人が教えております。これを誤って、我々が何にも欲しないことと寒巌枯木的に解しては、とんでもないことです。それならば死んでしまうのが一番手っとり早い。ぼけてしまうのもよいことになる。そういうことを無心とか無欲とかいうのではない。それは我々の精神が向上の一路を精進する純一無雑の状態をいうので、平たくいえば、つまらぬことに気を散らさぬことです。我々の精神は宇宙の一部分であり、宇宙は大きな韻律です。したがって我々の精神も、やはり溌剌として躍動しておらなければなりません。

私はいつも座右に『論語』を珍重しておりますが、『論語』の中に孔子の人物を語って実に会心の処があります。

ある人が子路に、孔子という人はどういう人かと聞いたとき、子路は答えなかった。答えなかったのかも分かりませぬが、とにかく返事をしなかった。それを孔子が聞かれて、お前何故こう言わなかったか。先生は「発㆑憤忘㆑食、楽以忘㆑憂、不㆑知㆓老之将㆒㆑至云爾」。つまり「孔先生は物に感激しては食うことも忘れ、努力の中に楽しんで憂いを忘れ、年をとることを知らない人とでも申しましょうか」と言うのです。よく昔から「両忘」――憤を発して食を忘れ、楽しんで以て憂を忘る、この「両忘」を庵や書斎の雅号に使います。実に味わって尽きせぬものがあります。我々もこれでなければなりません。

我々の一番悪いこと、不健康、早く老いることの原因は、肉体より精神にあります。精神に感激性のなくなることにあります。物に感じなくなる、身辺の雑事、日常の俗務以外に感じなくなる、向上の大事に感激性を持たなくなる、これが一番いけません。無心無欲はそういう感激の生活から来るもので、低俗な雑駁から解脱することにほかなりません。

それではどうして精神を雑駁にしないか、分裂させないか、沈滞させないかというと、無数に古人の教えもありますが、私はこういう三つのことを心がけております。

第一、心中常に喜神を含むこと。

神とは深く根本的に指して言った心のことで、どんなに苦しいことに遭っても、心のどこか奥の方に喜びを持つということです。実例で言えば、人から誇られる、あられもないことを言われると、怒るのが人情であるが、たとえ怒っても、その心のどこか奥に、「いや、こういうことも実は自分を反省し磨錬する所縁になる、そこで自分(という人間)ができていくのだ、結構、結構」と思うのです。

人の毀誉褒貶なども、虚心坦懐に接すれば、案外面白いことで、これ喜神です。今、日本は非常な苦痛を嘗めている。今後ますます甚だしくなるかもしれぬ。これを鬱々すれば、人の健康にも大害があるが、これに反して、いや、どんなに苦しくなってもかまわぬ、今までの日本は少し甘すぎたから、少しはひどい目に遭って、たとえば東京や大阪が焼き払われたが、なあに敵国人が手弁当でやって来て、始末の悪くなった大都市の整理をしてくれたのだというふうに肚《はら》を決める、これも一つの喜神であります。

その次は、心中絶えず感謝の念を含むこと。

有難いという気持ちを絶えず持っておること、一椀の飯を食っても有難い、無事に年を過ごしても有難い、何かにつけて感謝感恩の気持ちを持つことであります。

第三に、常に陰徳を志すこと。

絶えず人知れぬ善いことをする、どんな小さいことでもよろしい、大小にかかわらず、機会があったら、人知れず善いことをしていこうと志すことであります。人間には、どうも報償的な気持ち、どんな悪党でも悪いことをしたならば、何かそれを埋め合わせる善いことがしたくなるものです。でなければ良心が納まらぬ。そこで泥棒をすると、貧民を賑わしてみたり、兄弟分に分配したり、不義の財、不浄の銭を掴んだ者ほど何か人目に立つことに寄付をします。国防献金をやって、まあまあこれでよいというような――これを「姦富」と申します。そういう者も少なくありません。そうではなく、何か人知れず良心が満足するようなことを、大なり小なりやると、常に喜神を含むことができます。道教などはこれをやかましく教えています。

病気をひき起こす十の因縁

こういう三つのことを心がけるのですが、さて次にご紹介するものがあります。『仏医経』あるいは『仏医王経』の中にある健康法です。

「仏は医王なり」という言葉がありますが、仏は医者の王である、と申します。これは仏が衆生の心を医すこと、ちょうど医者が病人を救うが如きものであるから、仏を医王とい

う と思っていたが、そうではない。昔、人智の発達しない時、人間が精神ばかりではない、肉体も疾病に悩んで、せんすべも知らなかった。そこに釈迦を始めとして祖師たちはいずれも皆まずもって本当に医者であった。その次には社会問題の解決者であった。医者であり、薬師如来であり、観世音菩薩であったのです。その仏医王経――仏医経に「人が病気を得るのに十因縁がある」といって、十箇条目を列挙しております。まことに守りやすい平明なことです。

第一、「久坐食わず」ということ。これは山林仏教のことで、現代の我々に「久坐食わず」というようなことはありませぬ。「久労不食」の世になりました。あるいは「不時而食」(不規則な食べ方をすること)に改めるとよいでしょう。

第二、「食不貸」。たらふく食うこと、何でもいつでも食うことです。

何によらず禍は口より入るものです。いったい日本人は食いすぎます。必要以上に、胃の中に入れておらぬと済まぬ気がする。一度飯をぬかすとフラフラするというような者が少なくありません。三度三度胃の腑を満たすことが習慣になっておるから、栄養的には必要がないけれども、胃嚢が承知しない。妙なものです。食物が常に窮乏している国々では、たとえば蒙古民族など、実に食べない。彼《か》の曠野に馬に鞭打って馳駆している若盛りの男が、腰の袋に乾飯を入れて、その一握りを頬ばって、羊の乳を飲む程度で済むのです。それでは日本人より痩せているかというとそうではない。たくましい肉体をしておる。

我々の細胞は、ある適当な刺激を与えると自体分化発達していく本能があるのです。必ずしもたくさん胃嚢に詰める必要はない。それはかえって有害です。だから日本人は胃酸過多症や胃下垂が多い。これは差し当たっての食糧問題ばかりでなく、根本的に習慣を直さなければならぬと思っております。私など時々食わぬ稽古をしております。友達でもあるときは仕方がありませぬ、人情からいっても、食堂に行ってお茶を飲もうか、食事をしようかということもありますが、そうでない唯一人で汽車に乗る時など、これ幸いと一日食わず飲まずに窓外の景色を見たり本を読んだりすることがあります。健康に非常に良いようです。しかるに見ておると、日本人は乗物に乗りさえすれば食う人が多い。だから日本の乗物くらい弁当の折やら蜜柑の皮やら、いろいろな物が散らかって汚いものは他国にないような気がします。

第三、「疲極」。ある限度以上に疲れてはいけない。肉体的ばかりではありませぬ、精神的にもそうです。読書をするにしても、頭が疲れた時に、ねじり鉢巻で勉強しても駄目です。試験前夜、ねじり鉢巻で勉強したような者は、その時分かったようでも、後では朦朧として一向役に立たぬものです。弱いものは病気になります。小学校から大学まで二十年近くかかって卒業しながら、空々寂々は何と情けないことでしょう。『孟子』に「綽々乎《しゃくしゃくこ》として裕なる哉」という名言があるが、実際、我々の胃嚢ばかりでなく、精神的にも綽々たる余裕がなければなりません。疲れすぎてはいけません。

第四、「淫佚《いんいつ》」。男女の欲ばかりでなく、すべて享楽の度を過ごすことです。

第五、「憂悶」。我々は憂悶すると、生理的にもいろいろの反応を生じ、有害なことは申すまでもありません。この頃の医学は身心の相関関係をよく解明してきました。

第六、「瞋恚《しんい》」。目に稜《かど》立てて恚《いか》るということは善い人でも案外家庭などでありがちです。東洋最古の医書といわれる『素問』や『霊枢』という書がありますが、『素問』の中に「上古天真論」という私の愛誦する一篇がありまして、その中で「恚」が健康に一番いけないと言っています。怒りの肝臓や血液や脳髄や呼吸に及ぼす作用などがかなり明らかになっています。

第七は「上風を制すること」。第八は「下風を制すること」。

上風はあくび、おくび。下風は屁であることは申すまでもない。人前では無礼ですが、そこはしかるべくやるべきであります。「嫁の屁は五臓六腑をかけめぐり」（嫁が人前をはばかり、我慢に我慢を重ねて苦悶するさま）など、いかにも同情にたえません。

第九、「忍小便」。

第十、「忍大便」。これも講釈はいりません。

一般の人々は、難しい戒律は課せられてもやれるものではないが、この『仏医経』の「十因縁」などは親切平易で、まことに結構です。

静坐の効用

次に、暇があったなら、否、あらゆる機会に静坐することであります。

静坐の功徳、静坐の学理はもう事新しく説く要もないと思います。禅家、神道家、儒家、何流の静坐でも、それぞれ特徴がありますが、私自身の体験では、日本人がつくり上げた武士道時代の坐法が肉体にも精神にも一番良いと思います。私が痔を病みました時、日本流の静坐が一番良かったと、それこそ痛切に体験をしました。

静坐には調息が伴います。息については専門的には深い研究がありますが、とにかく、できるだけ息を静かに和やかにすればよいのです。胎息・踵息というような文字だけでも分かることです。

およそ東洋の学問・芸道で息を論じないものはない。宗教はもちろんのこと、剣道・柔道の如き武道でも、あるいは絵を描くにしても、茶でも花でも、何をやるにしても息が大切であります。人と人との関係も「呼吸が合う」と言います。あれは実に意義の深いことであります。

日本人の使っている言葉というものは——我々が何げなく使っている言葉の中に深い真理が籠もっていることが多い。下世話《げせわ》にも、「あいつは鼻息が荒い」という言葉がある。古人の説明によれば、坐り方にも坐法があるように、呼吸にも法がある。大体自分の息が人に聞こえるような息、荒い鼻息は「風」と言う。息とは言わない。息の部類に属さない。これは健康が悪いか、心が整わないか、いずれかである。そこで風が少し治まると——これを「喘《ぜん》」と言う。「喘」も息の部類に入らない。それは呼吸にどこか無理がある。なだらかではない。これがもう少し練れてきて、よほど落ち着いてきたものを「気」と言う。それでもまだ息とは言わないのです。

本当の「息」は第四段に至って初めて生ずるものです。「息」とは、有るが如く無きが如く、出入綿々として鼻端に鳥の羽毛を当てても動かないというくらいまでいかなければいけないのです。剣道なども少し上達してくれれば呼吸で分かる。相手の鼻息の聞こえるような奴は、恐るるに足らん。名人になるほど寂然静虚です。それは上達すれば自ずから呼吸が調ってくる。スリが警視庁に捕まっていろいろ訊問された時の話だが、擦れ違った時、鼻息の聞こえるような奴ならいつでもすれる。どうも息の分からんような奴は危ない、と述懐しておったそうであります。スリ道でも偉いものです。

次いでは「安眠」です。よく眠ることです。

眠ることならお手のものだと皆思うけれども、案外そうではない。身は横になっても、本当に眠っておらない。ウトウトして、醒睡の間に在るわけです。本当に眠る時間はごく少ない。安眠熟睡さえすれば、そう長く寝る必要はない。質と時とを併せて考えなければなりませぬ。ことに質であります。質さえ善く安く眠れば時間はまあ四、五時間で結構です。八時間眠ることは贅沢であります。間にちょっと十分か十五分眠れば足ると思います。ただ、旅行をしたり、何か特別に疲れた時はこの限りではありません。

熟睡と安眠とも違います。良心に疚《やま》しいことがあると熟睡をしても安眠はしない。熟睡の前後その根底に絶えず不安があります。睡眠剤は極力避くべきです。入浴とか、按摩とか、電気とか光線とか、あるいは一盃の美酒とかなんとか方法を講じた方がよろしい。平生ネギを食うこと、ネギの白根がなければ玉ネギでもよいが、一番よく効くのはネギの白根、それを刻んで枕元で香を吸うても熟睡に導きます。それから血圧の高い者はいけませぬが、異常のない限り、後頭部に罨法《あんぽう》をする、アルコールでも二、三滴落とせばなおよろしい。そうすると非常によく眠れます。

次は「六根清浄」ということです。昔の人が登山をするときに「六根清浄、六根清浄」という、六根を清浄にすること実によろしい。古人の良い体験です。六根とはいうまでもなく眼、耳、鼻、舌、身、意、つまり視覚、聴覚、嗅覚、味覚、触覚と主観の根元です。

その六根、なかんずく眼と口を始終清浄にする。口の反対が肛門です。それで肛門を清める。痔も結局これがよろしい。本を読む者は眼を洗わねばなりません。眼を丈夫にするには洗うに限ります。清水の中に目を開閉し、あるいは水道の口にゴム管をつけて、水圧を利用してそれで眼を洗う、最初の内は眼が開けぬ人が多いが、眼瞼の上からでもよろしい、二、三分ずつ両眼を水圧で打たせる、そのうち楽に開けるようになります。冷眼熱腸といって、眼がはれぼったく熱っぽいようでは駄目であります。トラホームなども結構治癒します。かくして天眼、法眼など開ければますます妙。

その次には「足腰を冷やさぬこと」。「足」という字を何故「たる」と訓《よ》むか。手るでたると読みそうに思ったが、生理・病理の研究で初めて明らかになりました。手ではたりぬ。やはり「足」でなければいけません。足を大切にすれば健康の条件が足ります（一四〇頁参照）。足を大切にする第一は冷やさぬことであります。足の血液はなかなか肝臓、心臓に還ってこない。循環が悪くなると足が冷える。それに足の踝《くるぶし》と膝頭は、いろいろの黴菌が集まる。どうしても足を善くしなければなりません。

それから、腰は「要」という字を当てはめてあるように、我々の身体の要《かなめ》で、腰の番《つが》いが悪くなっておると、いわゆる「腰抜け」といって、昔の人が罵った通り、もう三十以上になると、ある程度腰抜けになっておるものですが、これから背骨が狂い、内臓や頭の具合までいけなくなります。それに、ここには脂肪の老廃物などが溜まっていけない。

風呂に入るときも、ザブッと浸かってはいけません。徐々に沈むこと。心臓を出して、臍輪気海丹田腰脚足心を温めるのです。それには、ただの風呂より大根の乾葉でも用意して乾葉湯をつくるのです。昔の農家は必ずやったものでありますが、此頃は百姓がそういうことを忘れてしまっております。大根は何から何まで有難いものです。

それから足の三里に灸を据える。これは非常な効能があります。昔の諺にも「三里に灸のない人と一緒に旅をするな」というほどです。

医食同源——食物は薬である

人間生活をすることを俗に食うと言いますが、全く何を食うかが大問題です。薬餌というが、薬になるものを平生餌にしておくのがよいのです。我々が書生時代には、暴飲暴食することを以てたいへんそれが書生らしく、いかにも快いことだと思って、飲食に注意することなど年寄りのすることぐらいにしか考えていなかった。実はそうでない。古人は学問するに当たって常に飲食に注意しています。

そして昔から名僧とか善知識、碩学鴻儒とか言われたような人、地方地方に非常に感化を与えた偉人を研究すると、その人はまず民衆に教えを説く前に、民衆の病気、病気というよりは、むしろ健康の相談相手となっています。前にも申しましたように、今日の医学は、もはや予防医学でなければならないと言われていますが、その予防医学の大家は仏様です。仏様のことを医王と言う。仏は是れ最勝医王である。だからお寺に医王山というような山号がつけてある。薬草など生える山もよく医王山となっている。心の病を医するから医王かと我々は考えたことがあるが、決してそうでない。

俗人というものは、精神界の消息はなかなか分からないが、肉体的の現象はよく分かる。だから心を論ずるよりも、体を健康にしてやると一番有難がる。そこで本当の道を教えてやって初めて感激するのです。それで皆、法の師たる前に医王となったのであります。だから教育者・宗教家等は医王でなければならない。ところが、今までの学校の先生や、神官・僧侶がそんなことは忘れていた。教員は子供を集めて黒板を叩いていればいい、僧侶はお経を上げておればいい、神官は祝詞《のりと》を上げておればいいというようになった。健康だとか疾病だとかは医者のする仕事としてしまった。それで今から考えてみると、我々の父母、祖父母という人たちは、ある意味において予防医学ではなかったけれども、少なくとも予防医術に達していた。今日になると、こういうところがたいへん有難く思うのであります。

たとえば、朝、我々が学校へ行こうと思うと、母が梅干に番茶を注いで飲んで行けといって、その中に醤油を少し落としてくれます。それを初めは、旧弊なものには困ると考えていたものであった。ところが、ちょうどその頃、奈良に漢方の名医がありましたが、私がある時この先生のところへ行って梅干のことについていろいろ話を伺ったが、先生から、梅干は「医者殺し」といわれるほど有難いものだと聞いた。東洋の学問と同じことで、東洋の人はあまり説明を好まない。結論だけを言う。西洋の人は道程だけを言って結論を言わない。先生は梅干を「医者殺し」と言ったが、その頃はおかしいことだと思ったけれども、今日になって考えてみると、全くです。梅干は医者殺しで、これを一般に食べると、医者の商売は上がったりになる。

近年、梅干の研究報告がだんだん出ますが、実行して感心します。梅干は胃腸を消毒し、肝腎や心臓を強くする。したがって眼をはっきりさせる。特に頭の毛を黒くし禿を防ぐというと、ちょっとおだやかでないが、とにかく甚だ効能がある。京都の西陣の工場等で精巧な糸をより、刺繍などする所では、熟練女工に必ず梅干を食わせる。これを食わせないと眼がかすんで視力が弱り、糸が扱えない。それだからよく食わせるのであります。

私は読書人の常として随分猛烈な胃酸過多症になり、胃潰瘍で倒れると観念したことがありました。その時などは、ジアスターゼなんか何にもならん。激しい時は二度、少なくとも一度は夜中に起きて吐いた。ところが私の友人が、「それは梅干を食え」と教えてくれたので、「馬鹿なことを言うな、胃酸過多で苦しんでいるのに梅干など食えるものか」と言ったところが、その友人は梅干の酸と胃酸の酸とは違うと言う。また、医者に聞いてもそうだという。それではやってみようと、毎日欠かさず朝晩やった。二カ月ばかりして多年の胃酸過多がケロリ治った。それ以来かつて胃酸過多になったことがない。それから体の具合がたいへん良い。非常に有難いものであります。で、私は朝晩この「医者殺し」をやっています。したがって、この頃はあまり医者にかからない。こういうことなどは、読書人はよく心がけておらなければなりません。

西洋は、薬は薬、食物は食物と皆分けています。それで、たらふく栄養価のあるものを食って、病気になったらジアスターゼとかビオフェルミンを飲む。我々もそう考えてきたが、ところが東洋ではそうでない。東洋では薬と食物とを分かたない。いわゆる薬餌であって、薬は食物であり、食物もまた薬である。この点が非常に統一的・含蓄的である。だから不断から薬になる食物を食って特別に薬を飲まない。薬にならんような食物は本当の食物でない。これ東洋の薬に対する観念であり、食物に対する観念です。だから我々は始終そういう意味で食物をとるべきです。また、そういう意味で東洋の料理は発達しています。したがって、東洋の料理には、「大膳道」ともいうべき特別の道があるわけでありま す。

東洋の食物はひとり薬餌であるばかりでなく、詩を持ち、美術を持ち、信仰を持つ一つの道です。東洋には箸というものがあります。食に関する木の芸術です。茶碗は土の芸術です。茶は見るものであり、考えるものであり、場合によっては聴くものであり、哲学・宗教を持つものであり、芸術です。決して西洋流のティーではないのであります。『中庸』に「飲食をせぬ者はないが、飲食の意味を知っておる者は少ない」と言っておるのは、まことに意味の深いことであります。ですから、食物について思索修練を要するものであります。

記憶力、頭脳力を増進させる食物

さて、古人の飲食に関する話を聞いてみると、実に興味津々たるものがあります。物を食う時には自然の彩りを考えて、色さまざまな物を食えということです。後になって考えてみると、なるほどそうだと感心する。色彩というものは、皆、生理機能と関係がある。およそ我々の生理健康を養う上において、一番根本になるものは腎臓であります。腎臓の働き、腎臓の機能というものは我々の生命の源泉であります。それから栄養作用、記憶等に関係のある脾臓の作用である。腎臓の対は膀胱である。脾臓の対は胃である。皆、これらは陰陽の関係になっている。

それから活力ですが、活力・気魄に関係があるのは肝臓です。栄養等はあればあるほどいいが、なくてもいい。大事なのは肝臓です。その肝臓の機能が活力・気魄・元気をつかさどる。だから胆嚢と相対して「肝胆」という言葉がある。天下のために苦心することを「天下のために肝胆を砕く」と言います。東洋医学上の言葉です。腰は要ですから、物事の大事なところを肝腎要《かんじんかなめ》と言う。肝臓と腎臓と腰で、つまり医学上の術語です。これを日常茶飯事に使いこなしている。

この次に大事なものは、心臓、小腸。心臓が悪くなると腸が悪くなる。腸が悪くなると心臓が悪くなる。裏表である。それから肺と大腸。肝胆を悪くすると脾腎を悪くする。またすぐ心臓小腸が悪くなり、肺が悪くなり、大腸が悪くなる。肺病患者が腸を損なうと直ちに死にます。我々が健康を維持するために最も肝腎要なものは、肝臓、腎臓。それから読書人は脾胃を丈夫にしなければならない。そうしないと記憶が減退する。それから肺、大腸、心臓、小腸、こういうものが悪くなっても頭に関係してくる。それには色を考えていくのが一番我々に分かりやすい。

腎の色は黒である。これが弱ると色が黒くなる。天然に色の黒いのはそれでいいが、不自然に色の黒いのは腎臓の悪い所以です。それから肝胆は青色に関係がある。肝を立てる(肝に障《さ》わる)と青くなる。脾胃は黄色と関係がある。これが悪いと土黄色になる。それから心臓、小腸は赤い色と関係がある。不自然に顔の赤い者は心臓が悪いのです。また肺と大腸とは白と関係がある。肺病患者は顔色が白けて頬が赤くなる。こういうふうに色彩と内臓諸器官とは関係がある。だから望診といって、眼の色、顔の色を見て、大体どこが悪いかが分かるのであります。

そこで、始終、黒い物を食い、その次に青い物を食い、黄色い物、赤い物、白い物を食えばいい。精力をよけいに使う人は黒い物をよけいに食い、記憶力をよけいに使う者は黄色い物をよけいに食うのがよろしい。我々のように天下国家を憂うる者は青い物を食う。それかあらぬか、私は菜葉とか大豆が非常に好きです。

我々の癖を調べてみると、一番どこを消費するかがよく分かります。それでこういう関係を以て、たとえば黒豆、黒胡麻の好きな人は腎臓がいい。豆というものは面白いものであります。健康なことを「まめ」だと言います。関係があるかもしれません。豆はすべて腎臓の恰好をしていて、腎臓にいいそうです。豆という物は、また五色を備え、青豆は肝胆に、黒豆は腎臓、大豆は黄色で脾胃にいい。赤豆は心臓、小腸によく、白豆は肺、大腸の患者にいい。それから湯葉や豆腐は精神生活をする者に非常によろしいということが分かります。また人参は、心臓、小腸にいい。高い朝鮮人参でなくても、普通の人参の汁を搾って大根下ろしと共に飲むと心肺が丈夫になる。

舌は非常に心臓と関係がある。私は永年禅書を読んでいるが、「眉毛を吝《お し》まず」ということがどうも分からなかった。いろいろ禅僧に聞くが、はっきりした答えをしない。ところが、これは全く医学上の言葉で、お喋りをすると、すなわち舌を使うと心臓が悪くなる。説教をしてよけいな舌を使うと、たいへんな損害である。ところが心臓というものは、眉の毛と関係がある。心臓を病む者は眉の毛が抜ける。だから、その眉毛を吝まずということは、お前たちのために説教をするということです。此の間、禅僧が集まっていた所でその話をいたしました。そこで長講演をすると心臓が悪くなる。講演をした後、心臓はドキドキ騒ぐ。そうして食欲がなくなることもあります。そういう時に人参をすり下ろして、盃に一杯やると心臓が静まります。

その他、ネギの白根、大根等も肺や大腸にいい。胃にもよろしい。したがってジアスターゼ等は大根をたくさん食う人には要らない。大根を食うと痰が切れる。だから年寄りにいい。黒と白は年寄りが大いに取るとよろしい。勉強する者なんぞ、ネギの白根をとろ火でとろとろ一晩ぐらい煮たものをやっていれば、たいへんよろしい。

胃腸にはすべて「薏苡仁《よくいにん》（はとむぎ）」がよい。粥にしてよく、茶の代用にしてもよろしい。芣苡《ふい》というものがあります。一名「車前」「おおばこ」のことです。これは腎臓によろしい。「おおばこ」料理、あるいはその陰干しを煎じて飲むと女の子を持つといわれています。それから高山に登ったら、石楠《しゃくなげ》の葉を採ることです。ただ三千尺（約九百メートル）以上でなければなりません。もちろん禁止されているかもしれません。赤い花は駄目で、白い花、うんと高い所に行くと黄色い花が咲く、それが一等であります。白か黄色の葉を採って、陰干しにして、これを二、三枚番茶に入れて煎ずるなり、一升の酒に十日も浸しておいて少しずつ飲みます。たいへん精力を養います。

風邪が大敵ですが、困るのは咳です。坊間（街なかに）よくある西洋薬局方の咳の薬は、たいてい胃に悪い。それより大根の輪切りに飴をかけて一晩置くと、大根はカラカラになって、甘い液ができます。そうすると子供も大喜びで飲みます。そして非常に効果があります。また蓮根もよろしい。蓮根のことに節を取り、これをすり下ろして、小さな盃に一、二杯ぐらい飲む。狭心症の人など心がけて時々これを飲むことです。それから節ごと蓮根を下ろしてそれに梅酢を数滴滴下して飲むと痔にききます。

風邪を引いて肺炎にでもなったときは、鰻《うなぎ》の膏《あぶら》に限ります。まず百中九十％まで治ります。肺炎ばかりではありません。肺結核の二期程度のものならば、まず助かります。三期に入ったものでも生命が延びます。病後の衰弱はメキメキ治る。五、六十匁ぐらいの鰻を二疋、口の細い一升程度の空瓶に詰め、そうして栓をして、なるべく深いご飯蒸しのようなものの中に入れ、約一時間湯煎するのです。そうすると鰻は参って、底に膏が盃に一杯ほど溜まります。それが一日の分量です。それを飲む。老人子供は分量を減らすとよろしい。ちょっとした肺炎なら、一回で落ちます。相当の肺炎でも二回三回で治らぬものはない。少し胃が弱っておれば消化剤を飲んでおくことです。鰻は後で念仏申して葬ってやればよいでしょう。

それから卵黄油。これは心臓によく効くものです。卵の黄味を十個も土鍋に入れて燃え立った炭火にかけて練ります。焦げつくのをかまわず、力を入れてやっておると、油が出る。これをスプーンに半分ほど飲みます。疲れた時など、とてもよい。

それから我々に膏肓《こうこう》というところがあります。肩胛骨を左右にぐっと開いた後ろのところと思えばよろしい。灸のつぼでもあり、電気療法でも光線療法でも、ここに当てると一番効きます。ここを按摩してもよく疲労を回復します。昔は病がここに入ると不治としたことは周知のことであります。いろいろの病が膏肓に入らぬうちに、我々は十分身心を摂養しておいて、世のため国のため、うんと御用に立ちたいものであります。幸いにこの頃は医学も非常に進歩しまして、もう昔のような唯物的でない、深い心眼を刮《ひら》いておる医学者や、そういう人々による良薬や療法もたくさんできてまいりました。いよいよ悪い時は、やはりこういう名医にかかることです。

憤怒と毒気

忙しいと言うべきでない

忙しいということは現代人に共通の口癖の一つですが、忙しいということは本来良いことではない。文字そのものがうまく表現している。「忙」とは、心が亡《に》げる、亡《うしな》われる、亡《な》くなる意味で、世人の通弊として「事に先立っては体怠け、神昏《こころくら》し、事に臨んでは手忙しく御乱る。事を既《おわ》れば意散り、心安んず。これ事の賊なり」（明の呂新吾『呻吟語』）という通り、ろくなことがない。

佐藤一斎の名作『重職心得箇条』の中に「重役たる者は忙しいと言うべきではない。随分手のすき（隙）心の余裕がなければ、大事にぬかりができるものである、重役が小事を自分でして、部下に回すことができないから、部下の者が自然ともたれて、重役が忙しくなるのである」と言っている。忙は心が亡くなる、亡げるであるから、自然と身体も亡するわけです。
忙しい人は、たいてい身体のことばかり気にする。これでは身体がもたぬと案じています。何しろ恐るべき集団生活、群居生活で、たとえば、わが国でも一部の人々に依然として愛好されているソローが「世間の交際はあまり安っぽい。我々は息が詰まるようにくっつき合い、互いにぶつかり合っている。しかも、それで自らごまかし合っている」と喝破していますが、忙人という語の一つのよい新注です。

現代人が健康を害しやすいのは、公害というようなことを除いて、意外なほど心理的・精神的なもので、昔は四百四病などと言ったが、今や専門的な研究は別にして、ごく通俗的な疾病でも、とっくに千種を超えている。しかも、その多数は単なる生理的疾患ではなくて心理的・情意的疾患、すなわち文字通り「病気」だそうです。人間ドックに入って十分調べてもらって、何でもないと分かったにもかかわらず、とんでもないことになったというようなことは、ありふれた事実になっております。

よくよく人間は、なるほど孟（子）大先生の指摘の通り、意外に放心しておるもので、病についても皆、病にかかると言って、病が多く自らつくる、しでかすものであることに気がつきません。そこで指摘されて、初めてなるほどと気がつく、いわゆる省悟するのですが、昔からできておる熟語に時々首肯されるものが実に多い。

頭を使っているというでしょうが、その頭も専門家なる者の多くの部類が専門すなわち偏側的に使っているのでありまして、一般人はマスコミ等の視聴覚にとどまって、とんと頭を使いこなしていません。頭はよく使うほどよろしい、難しい問題に傾注するほどよろしいことは大脳医学の究明していることですが、現代人は反対に、その頭の修練を放棄して、安易に五%から十三%ぐらいしか使わぬそうで、すべてイージーゴーイングで、難しいことはご免という次第だから、俗に言う「弱くなる」一方です。

息という寸時も止められぬものについても、果たして我々はどれだけ正しく息しておるだろうか。これだけでもたいした健康問題です。息は呼吸です。吸呼とは言いません。吐納とも言って納吐とは言いません。出納といって納出とは言いません。

人体の微妙な空気袋は肺臓ですが、その袋、肺胞は七億五千万もあって、その総面積は五十六平方メートル、身体の皮膚の二十五倍もあるそうです。毎分十四回から十八回呼吸し、一呼吸約半リットルの空気を吸う。平常肺内にある空気量は約三リットルで、六分の一の空気が入れ替わる。その溜まっておる空気を吐き出して活発に酸素を補給することが肺の使命であるから、呼吸であり、吐いて納《い》れる、出して納めるのである。姿勢が悪く、前かがみで喘いでいるようなのは駄目です。

心情と毒素

精神と肉体との間に非物質的な相互作用が微妙に行なわれておることは続々解明されてきておりまして、たとえば、肉体に対する情緒の反応を物質化して証明することもできます。発汗や呼吸がその実例で、平静な時と怒った時とでは汗の反応が異なり、怒ると汗は酸性が強くなり、その汗の化学的分析から情緒の表ができているそうです。

液体空気で冷却したガラス管の中に息を吐き込むと、息の中の揮発性物質が固まり、無色に近い液体になる。その人間が怒っておると、数分後に栗色の滓《かす》が管の中に残る。この滓を実験用のネズミに注射すると、必ず興奮し、その人間が激しい憤怒や憎悪を抱いておるものの滓だと、数分で死に至るそうです。一時間のひどい憎悪は八十人を殺すに至る毒素を出し、この毒素は従来の化学の知る最強の猛毒で、こんなものが体内に鬱積すると、結局その人間を悪性の疾病と死に導きます。

苦痛や悲哀の感情は息を灰色にし、悔いは淡紅色にする。急に白髪になるとか、顔を赤らめるなど、すべて科学的事実なのです。だから反対に好感情、心中深く喜びや、感謝や、美しい愛情を抱くことは、これまた文字通りいろいろの和やかな良い色を、その人の吐く息が示しているわけです。それで、「あいつの毒気に当てられた」とか、「和気堂に満つ」

というようなことが、単なる形容詞でなく、科学的真実であることも分かりましょう。人相にも、形相と同時に色相というものがあり、さらにその奥に神相というものがあります。少なくとも色相まで分からねば一人前の相者ではありません。人相見の名人になれば能《よ》く客の神相を見るものです。

私は、毛沢東というと、明の太祖を連想します。田舎の貧乏寺の乞食坊主のような境遇から出て、元末に紅巾の賊といわれる民衆教団の反乱の中に、次第に頭角を抜きん出て、ついに帝王の位に就いたのですが、太子が夭折し、孫が二世皇帝になりました。それを倒して天下を奪ったのが、太祖が最も望みをかけた出来物の第四男で、燕（北京）に封ぜられておった、後の永楽大帝〈成祖〉です。この成祖に挙兵の意を決せしめた者は、観相の大家袁柳荘で、神相を見るに達したといわれる人物です。

そんなことは余談で、我々は昔からよく「顔にちゃんと書いてある」などと言われたものですが、本当にちゃんと書いてあるのです。幸いにそれを読める者が少ないので、すましておれるのですが、達人に会えばごまかしがききません。「どの面《つら》さげて歩けるか」など、実に辛辣ではありませんか。精神的・人格的には深遠なことですから別として、肉体的・健康的にいっても、これはよく気のつくことで、案外人々は自分自身に放心しておるものです。

少なくとも、我々は「病は生理現象で、医者や薬で治る」などと思うのは、今日もはや科学的にも最も時世遅れの俗見であると知らねばなりません。物質文明の豊かさは公害ばかりか、自ら私害すなわち自害を招くものであることを、この頃あちこちでようやく気がついてきたようです。

ナポレオン診察

前述のように、精神の悪化は生理の悪化を招来する。忙しい仕事に追われる者が、胃や十二指腸潰瘍を起こしやすく、心臓病、リューマチ、糖尿病、高血圧、悪性腎臓病等が激増する原因を追求して、この頃の医学は非常に精神的になっていることを、教養のある人人は瞠目しなければなりません。

実は、「何だ、今頃になって！」と嘆ぜざるをえないのですが、それが今頃になっても、まだそんなことが分からない、いわゆる分からずやの名士・有力者のいかに多いことかと、あきれるほどであります。

ちょっと面白い話をしましょうか。それは誰知らぬ者はない大ナポレオンの最期です。宮本武蔵は、生涯六十余度の勝負に一度も負けたことがないといいますが、ナポレオンも六十余度の戦争に一度も負けたことなく、戦場に臨んで恐怖を覚えたことがないということです。しかるに彼自らの語るところによれば、薬を口に持っていくと、身震いを覚えたそうです。それほど健康で精力的であったというのです。

全く彼は疲れということを知らず、一食も一休もせず十五時間ぶっ通しで活動したことも伝えられております。ある日、遠乗りに出かけ、全速力で五時間馬を飛ばして百三十キロを踏破し、随行者は途中次々落伍して、しまいには彼一人になったといいます。

政治的にも、普通の国王の百年分の仕事を、彼は執政官として三年間にやってしまっているという評判で、彼自身「余の仕事を計る尺度はない」と豪語しておりました。多忙に任ずる今日の経済大家諸氏も驚嘆することでしょう。

しかるに、その頃の彼が、いかに体格堂々、精力溢るる風采かと想像されるのに反して、実際は痩型で胸は薄く頬はこけ、顔色も黒ずみ、眼光は炯炯《けいけい》たるものであった。ところが、ロシアと戦争する直前から著しく変化しだして太りだし、脂肪がのり、体重が増加し、肌の色も白くなり、頬もふっくらして女のようにふくよかになった。

見かけもきびきびしたところがなくなり、次第に倦怠を覚え、それと共に彼独得の機敏な行動性が弱まって物ぐさになり、無感動になり、大切な時機に優柔不断を示すようになった。今までの如く陣頭指揮も行なわず、一八一二年九月、モスクワ入城前のボロジノ戦にも、戦いが高潮になった時、彼は後方にあって肩を落とし、首を垂れて、野戦用の椅子に腰を掛けて、ただ戦況を聴くだけであった。戦局を決すべき重大時機にも、ぐずぐずして幕僚を怪しませた。

翌年十月、フランスの運命を決するライプチヒの戦いでも、彼は大切な時に居眠りし、橋が爆破された大音響で初めて目を開いた。不幸にしてその頃の侍医には分からなかったが、今日の研究では、明らかに脳下垂体を害し、副腎機能が衰えて、心身の無力を来していたのであります。——俺もそれではないのか。彼もこれだな、と気がつかれる現代名士がたくさんおるではありませんか。

ナポレオンと副腎障害というと、私は有名なハンス・セリー医博を思い出します。セリーが副腎に着目して人体が何か重大な緊張を起こすと、俄然この副腎が抵抗力を発揮する。しかし、この緊張がいつまでも続くと副腎に恐慌が始まる。ここからの化学成分が無制限に放出されるので、心臓、腎臓、胃腸等諸器官に異変を起こす。それらのどの部分が最も被害者になるかは、その人々の体質や遺伝的構成によるもので、一時的な衝撃よりも、絶え間なく続く異常障害の方が悪い。そして人体の防衛力は、一つの持続的な攻撃に長く応戦していると、他の方面からの攻撃に対して無力になり、ついに敗北しやすいことを明らかにすることができました。

ビジネスマンの自療法「五医」

忙しい人がひょいと現れなくなるので尋ねると、ただ今、人間ドックに入って精密検査をしてもらっていますという話をよく聞きます。もちろん常識的には良いことです。しかし、この精密検査なるものに、私はいろいろ疑問を持つ者でありますが、その道の専門家ではないので、私は慎んであえて批評を試みず、自省しております。

しかし、ごく親しい物分かりのよい人々には、以上お話ししてまいりました次第からも、流行のドック入りで身体を精密検査すると共に、あるいは、それより自分自身で心体精密検査をしてはどうかと勧めております。

それは便宜上十箇条にしております。

一、日常飲食は質量共に適正か。
二、毎夜睡眠の具合はどうか。安眠熟睡ができるか。
三、自分に適当な運動をしているか。
四、自分の心身に害ある悪習はないか。
五、自分は生活上の問題に一喜一憂しやすくないか。何があっても平常通り執務できるか。

六、自分の仕事にどれだけ自信と希望があるか。
七、自分は有意義な内面生活を有するか。
八、自分は良き師、良き友を持っているか。
九、自分は日常座右を離さぬ良書を持っているか。
十、自分は独自の信念、箴言、信仰の類を持っているか。

少なくとも、これらをいわゆる日用心法として日常生活の内規とすることであります。久しうするうちに自然と生活に溶け込んで、この内規が、ホルモンのように我々自身やその生活を健康・清福にすること疑いなし。賢・愚・才・不才は問うところではありません。

なお「五医」という自療法をご紹介します。

一、少欲医惑　　欲を少なくして惑《まどい》を医《いや》す
二、静坐医躁　　静坐して躁《そう》（がさつさ）をいやす
三、省事医忙　　事を省いて忙をいやす
四、択友医迂　　友をえらんで迂《う》（にぶさ）をいやす
五、読書医俗　　書を読んで俗をいやす

解説

昭和五十八年十二月十三日、安岡先生が白玉楼上に召されて早くも二年になんなんとしている。この十二月六日には、先生にゆかりの日本工業倶楽部において「瓠堂忌《こどうき》——安岡正篤先生を偲ぶ会」を催すことになっている（「瓠堂」は先生の雅号）が、この瓠堂忌にあたり、世話人のあいだで、参会者に贈るための記念出版が企画され、かねて先生の著書を出版したいという要請のあったプレジデント社を煩わして、この講演集を刊行する次第である。

本書の内容は、戦後間もなくから昭和五十年（七十八歳）にわたり、諸方面から請われて試みられた講話の筆録が九篇と、月刊「プレジデント」所載のインタビュー記事が一篇、それに戦時中に刊行された『経世瑣言』の中から選んだ講話の筆録二篇を加えたもので、各篇はそれぞれ根底において一貫脈絡した順序にしたがって分類されている。

昭和二十四年十一月、敗戦後、各地に分散した旧同人・門下の要望により、師友会が発足して以来、内外の時局の変転とともに、先生の身辺は日増しに多忙を加え、文字通り席のあたたまるいとまもなく、国事に東奔西馳の明け暮れとなった。多い時は一日に三回も講演を求められるという有様で、講演の内容に重複した個所も散見されるので、これらについては前後を斟酌して一部を割愛させていただいた。
以下それぞれの篇について、気がついたことや関連した思い出などを挙げて読者のご参考に供したい。

「近代中国に見る興亡の原理」（昭和五十年十一月、愛知県師友協会大会）

この篇には、若き日において先生の学問が方向づけられた経緯と、日本の大陸政策に関する抱負の一端がうかがわれる。

大正の末、先生が旧満洲の金州で、ひとたび会見して肝胆相照らした「満洲の諸葛孔明」王永江については、これまでにしばしば言及しておられるが、なかんずく参考になる一文は『童心残筆』（昭和五十七年十一月、全国師友協会で復刊）に収録されている「満洲の名相王永江」で、哲人宰相・王永江の経綸と人品・風格が、その詩文を引用し、追惜の情をこめて紹介されている。

なお戦時中、旧満洲で興農合作社運動に携った師友会の同人田島富穂氏（群馬出身、故人）の著書に『東亜の先覚　王永江』（昭和三十八年、日本自治建設運動本部刊）という戯曲風の小伝があり、先生の序文も収録されている。（同序文は一昨年刊行された『安岡正篤先生流芳録』下巻に再録）

「明治・大正・昭和三代の盛衰」（昭和四十八年十月、一隅会にて）

科学文明を摂取するに性急なあまり、知識・技術を偏重して人間教育を欠落した明治の教育のマイナス面、大正・昭和における国家革新運動の盲点や、大陸政策の錯誤、それにつづく今次大戦の悲劇的結末、これら一連の因果関係を大観して「千載の恨事」と述べておられる。これは大正以来、国政の枢機にも関与し、指導層の通弊を観察してこられた先生自身の悲痛な警世の言葉とも受け取られるのである。

戦後アメリカの対日政策の裏面——3R、5D、3S政策について、先生が説明を受けたGHQのガーディナー氏について一言。敗戦直後の金雞学院を訪問し、すっかり先生に心酔してしまったガーディナー氏は、追放中の先生を訪ねてきては、東洋思想について意見を叩き、占領軍の政策をも忌憚なく批評した東洋豪傑流の一風変った外人であったそうである。彼は帰国後もしばしば熱烈な手紙を寄せているが、冒頭はいつもDear and Respected Yasuoka Senseiとか Dear and Honored Senseiといった書き出しで、とにかく最大級の敬語を用いて、思いのたけを述べている。アメリカの自宅では、書斎に先生の揮毫した軸（王之渙の詩「欲レ窮二千里目一、更上一層楼」）を掛け、先生の写真を机上に飾っているほどの傾到ぶりであったという。

「兵書に学ぶリーダーの心得」（昭和三十七年四月、素心会にて）

これは国会議員を対象に話されたものである。素心会というのは、千葉三郎代議士（元労働大臣、千葉県師友協会々長）を世話役とした百余名の国会議員から構成され、派閥を超越した衆参両院議員のなかの正義派の集まりともいうべき存在であった。師友同人としては亡くなった大坪保雄、浜田幸雄、増原恵吉の諸氏や、現存では林大幹代議士などがメンバーであった。

「素心」という会名は、安岡先生の命名で、ヒルトン・ホテルに隣接するTBRビルの八階に事務所が置かれ、先生の揮毫した看板がかかっていた。「素心」とは、利害や名誉欲、功名心、党派心など、世間の着色に染まぬ生地のままの純真な心といった意味で、陶淵明の詩句「素心の人多しと聞く。与《とも》に数々《しばしば》晨夕《しんせき》せんと楽《ねが》ふ」（移居）から採られている。

先生は機会ある毎に請われて素心会の議員諸公に話をされたが、毎年の年頭には、その年の干支《えと》の意義について、暦学に基づいた講話をされるのが恒例となっていた。一昨年、千葉代議士が逝くなられて、素心会は解散している。

「万世ノ為ニ太平ヲ開ク」（昭和四十六年十一月、愛知県師友協会大会）

「綸言《りんげん》（天子のみことのり）汗の如し」（礼記）、天皇の大詔としてひとたび渙発された後は、誰が書いたとか、どんな次第でどうなったとかいうことは云々すべきでない——というのが一貫した先生の信念であった。ところが、戦後かなり経った昭和三十二、三年頃であったか、終戦内閣の書記官長であった迫水《さこみず》久常郵政大臣が、公開の席で終戦の詔勅が渙発された経緯について話されたことがある。以来、いつしか当時の事実が喧伝され、先生の親しい人々に対しては、この大詔の眼目について話をされるようになった。

終戦当時、宮内省御用掛りであった木下彪氏（戦後、岡山大学教授）など関係筋によると、木下氏の同僚で詔勅の起草に専任していた川田瑞穂氏が原案を起草したが、その原案を迫水書記官長の委嘱を受けて先生が删修《さんしゅう》し、かなりの個所に手を加えられたということである。

大詔の眼目は本篇に述べられているように「万世ノ為ニ太平ヲ開ク」と「義命ノ存スル所」の二個所である。前者は宋の碩学張横渠《ちょうおうきょ》の名言であり、後者は『春秋左氏伝』成公八年の条にある「信以て義を行ひ、義以て命を成す」が出典であることをご参考までに申し添えておく。

「人生の五計」（昭和四十年頃か、日本橋倶楽部にて）

日本橋倶楽部の会員である経営者を対象に話されたもの。茶の三煎、樹の五衰などとともに、先生の講演によく採り上げられる代表的テーマの一つである。

「見識と胆識」（昭和五十一年四月、王子製紙株式会社の本社にて）

「時世・人物と事業」と題して行われた講演要旨の一節。先生の人物学、人間学の肝腎要《かなめ》、エキスともいうべき問題点に触れている。詳しくは、河井継之助（蒼龍窟）の人物と学風について語られている『英雄と学問』（昭和三十二年、明徳出版社刊）の「人物といふもの」を参照されるとよろしい。

「人間学・人生学の書」（昭和十九年、旺文社刊『経世瑣言』、または昭和二十八年、福村書店刊『危機静話―新編経世瑣言』中の「人間学と観音薬師行」の前半）

ここには人間学・人生学の書として大切な古典が挙げられているが、多忙な現代人にとっては、ここに列挙された古典を残らず精読することは、実際問題として至難のことと思われる。それにつけても、かつて先生の話されたことが思い出される。

先生は幼い頃から、四書五経をはじめ『太平記』や『源平盛衰記』『平家物語』のたぐいに親しみ、郷里の人々から神童と称されている。これとは逆に、若い頃にとんと古典の素養を身につけていない凡庸な筆者のごときは到底及びもつかぬことである。

私がすでに三十数歳になっていたある日、中年以後の古典の読み方について質問したことがある。そのとき先生は次のようにおっしゃった。

「厳密にいえば、もう遅い。しかし、〝為《な》さざるに勝《まさ》る〟だ。君くらいの年齢では、陶淵明のいわゆる〝甚解を求めず〟（五柳先生伝）で、細かい字句の詮索にはこだわらず、難解なところは飛ばして、小説でも読むようにして楽しんで読むがよろしい」と。

爾来、私は努めてこの方式で古典を読むように心がけている。だが、それでも漢籍などはやはり取っつきにくいものだ。日暮れて途遠しの感があるのは、どうしようもないことではある。

「運命を創る――若朽老朽を防ぐ道」（昭和二十七年、三菱金属鉱業株式会社、入社式に於て）

「次代を作る人々のために」（昭和二十四年、某社の入社式にて。新自治協会刊）

「若さを失わずに大成する秘訣」（昭和二十七年四月、太平鉱業株式会社、入社式にて）

以上の三篇は、いずれも新入社員のためになされた講演である。

相手は学校を出たばかりの清新の意気に燃える若人たち。先生も戦後の公職追放が解けて師友会が発足した前後、年齢的にも働き盛り、油が乗りきった時期だ。勢い、話にも気合がかかろうというものである。言葉の端々に、敗戦後の日本を再建し、次代を担うべき青年たちに期待する情熱がこもっていて興味津々である。とくに若い人々に活読・心読・体読していただきたいものである。

「敏忙人の身心摂養法」（昭和十九年、旺文社刊『経世瑣言』より）

「憤怒と毒気」（昭和四十八年七月、月刊「プレジデント」より）

前者は戦時中の講話筆記、後者は戦後のインタビュー記事である。両者の底流をなすものは一貫して東洋の伝統思想であるが、戦後の談話記事では、七十六歳の先生が、ふんだんに欧米医学の新知識を引用されている。孔子が褒めたシナ春秋時代の衛国の賢宰相・蘧《きょ》白玉は「行《こう》年六十にして六十化す」（荘子・雑篇）、六十歳になっても自己を創造変化してやまなかったと伝えられているが、七十六歳の老先生が、時代の新しい動きに好奇心を失わず、常に殻を脱いで前進しようと心がけた柔軟な心の持主であったことは嬉しいことである。

なお戦後になって先生が熱心に推奨された健康法に「真向法《まっこうほう》」があり、健康食品に「命泉」がある。真向法は勝鬘経《しょうまんぎょう》の礼拝の作法にヒントを得て長井津翁が考案した簡易体操であり、命泉は九十六歳まで元気で活躍した坂元迪蔵翁が創製した、低温乾溜によるニンニクの黒焼剤である。共に先生の後援によって随分多くの人々に普及し、人々の健康に裨益するところ甚大なものがあったと思う。

昨年から先生を偲ぶ集いを「瓠堂忌」と銘打って、毎年十二月に開催することになったが、この雅号の意味を御存知ない向きもあるかと思われるので、先生自身からその由来を聞くことにしよう。

(昭和十六年「東洋思想研究」第十八号「談藪」より)

もう久しいことであるが、無理往生に揮毫などさせられて、終りに瓠堂と書くと、これは何と読むか、何の意味かと必ず問われる。近来もたてつづけに十数回、同じ質問に会ったので、一寸この欄を借りて略説することにした。

瓠堂とは要するに〝無用の大用〟という意味、或はもっと直接に〝難物〟と謂った方が当っているであろう。『荘子』の逍遥遊の中に、恵子と荘子との問答がある。

恵子が荘子に謂った。「魏王から大瓠の種《たね》をもらって樹えたところが、よく育って大きい実がなった。あんまり大きくて、ものを容れれば重くて持ち運びができぬ。剖《さ》いて杓のようなもの(瓢)にしようと思ったが、だだっ平たくて、ものがはいらぬ。役に立たぬので砕いてしまったよ」

これを聞いて荘子が曰った。「君ぢゃ大きなものが使えぬ。宋にひびあかぎれの妙薬を作る者があって、真綿の水さらしを家業にしておったが、その製法を百両で買って、これを呉王に売りこんで、呉越の水戦に応用して大功を立てた者がおる。用い方次第だ。今、君にそんな大瓠があるなら〝大樽にして江湖に浮かぶ〟ことを考えりゃ好《い》いに、ただっ平たくて容れものにならぬなどとは、けちなことだ。君はまだ蓬心（蓬のようにくねくねした心）があるね」

不肖は、大きいのか小さいのか、なんだか自ら知らぬが、誰も使ってくれぬ。使ってもらっても、一向に世間の役に立ちそうもない。自分で打ち砕こうかと考えたこともあったが、江湖に樽浮することを覚えたというわけである。呵々。

（江湖尊者）

本書の編輯・製作を担当したプレジデント社出版本部の多田敏雄氏の真剣な激励と鞭撻なかりせば、果してこの本の刊行がこれほどスムーズに運べたであろうか。省みて深甚の敬謝の意を表する次第である。

昭和六十年十一月

瓠堂忌世話人会

※この作品は一九八五年一二月に刊行されたものを新装版化しました。

カバー・表紙写真: ©06photo - Fotolia.com

［著者紹介］

安岡正篤（やすおか まさひろ）

明治31年（1898）、大阪市生まれ。
大阪府立四條畷中学、第一高等学校を経て、
大正11年、東京帝国大学法学部政治学科卒業。
東洋政治哲学・人物学の権威。
既に二十代後半から陽明学者として
政財界、陸海軍関係者に広く知られ、
昭和2年に㈶金雞学院、同6年に日本農士学校を創立、
東洋思想の研究と後進の育成に従事。
戦後、昭和24年に師友会を設立、
政財界リーダーの啓発・教化につとめ
歴代首相より諮問を受く。58年12月逝去。

〈主要著書〉「支那思想及び人物講話」（大正10年）、
「王陽明研究」（同11）、「日本精神の研究」（同13）、
「東洋倫理概論」「東洋政治哲学」「童心残筆」
「漢詩読本」「経世瑣言」「世界の旅」「老荘思想」
「政治家と実践哲学」「新編百朝集」「易学入門」

〈講義・講演録〉「朝の論語」「活学1～3」「東洋思想十講」
「三国志と人間学」「運命を創る」「運命を開く」ほか。

［新装版《しんそうばん》］安岡正篤《やすおかまさひろ》 人間学講話《にんげんがくこうわ》

運《うん》命《めい》を創《つく》る

二〇一五年四月四日　第一刷発行

著者　安岡正篤
発行者　長坂嘉昭
発行所　株式会社プレジデント社
〒一〇二-八六四一
東京都千代田区平河町二-一六-一
平河町森タワー 一三階
http://president.jp
http://str.president.co.jp/str/
電話　編集 〇三-三二三七-三七三二
販売 〇三-三二三七-三七三一

装丁　岡 孝治
編集　桂木栄一
販売　高橋 徹　川井田美景
制作　関 結香
印刷・製本　中央精版印刷株式会社

ISBN 978-4-8334-2125-6 Printed in Japan